John Stuart Mill
(1806-1873)

EX-LIBRIS

孟凡礼译文集

II

On Liberty

论　自　由

［修订增补版］

John Stuart Mill

［英］约翰·斯图亚特·穆勒　著

孟凡礼　译

山西出版传媒集团　山西人民出版社

目　录

导　读

为什么我们今天依然要读穆勒？

高全喜

　　十多年后能够再次仔细阅读约翰·斯图亚特·穆勒的《论自由》，说起来要感谢孟凡礼君。数日之前，孟君送来他新近重译的《论自由》，开始我并不以为意。在我的印象中，穆勒的这部名著已有多种译本，他的思想在学术界乃至公共知识界也广为流传，是否还需要再添一个新的译本，我以前也没有认真想过。但是，近来我抽出时间专门拜读了这篇精致的译品，又顺便翻阅了自严复以来一个多世纪在中国出版的穆勒这部著作的多个译本，读后不禁感慨万千。在此倒不是想通过对比为这篇最新译稿说些褒扬之辞，这篇译品在"信、达、雅"方面所达到的程度，我想读者诸君自有公论。至于为什么在已经有了多个译本之后，还要不辞辛苦地从事这样一桩看起来有些出力不讨好的事情，在同时交送给我的一篇专门讨论《论自由》汉译版本的比较和翻译问题的文稿中，已有陈述，自不劳我再赘述。

最近几年我一直在强调一种关于中国问题的看法，那就是自鸦片战争至今一百七十年来，尤其是历经两个共和国（即中华民国与中华人民共和国），中国社会依然处在一个"古今之变"的转型时期，即从古典王朝社会到现代自由民主社会的转型远没有彻底完成，尽管这种转型是在遭受西方列强的压迫并且伴随着深刻而又剧烈的中西文明之争的背景下展开的。从大的历史视野来看，这一百七十年来的中国近现代历史，仍然处在一个以现代性为主导的现代政治、经济、文化的演进或构建之中。这样一个古今之变的历史过程，非常类似于西方的十七、十八直到十九世纪，也就是说，我们这一百多年的历史，大致经历着西方社会历经三百多年才完成的古今之变的现代社会的形成过程。

我们看到，西方文明的这个时期产生了一大批思想家，细数起来，这个名单可以从马基雅维利、博丹、格劳秀斯、霍布斯、洛克、卢梭、伏尔泰、孟德斯鸠、亚当·斯密，一直数到边沁、约翰·斯图亚特·穆勒。如果再予以深究的话，西方现代性的历史演变又可以细分为早期现代与中晚期现代两个阶段，从某种意义上说，以约翰·斯图亚特·穆勒为代表的十九世纪的英国思想家们，恰好是处于从早期现代到成熟的西方现代文明的转折时期。穆勒的思想为英国乃至欧洲从早期现代向成熟现代社会的迈进，提供了一个承上启下的典范性的理论依据，他的政治哲学、政治经济学和伦理学著作，尤其是在当时的英国乃至日后在世界影响深远的这篇名为《论自由》的小册子，均是为了应对西方社会的这个时代之转型问题，勾画未来社会的健康发展。击水中流，匡正时弊，发前人之所未发，穆勒蔚然开辟出西方现代社会思想中的一大理论路径。

中国百余年来古今之变的社会大转型至今业已跨过二十一世纪的门槛，如果说在两个共和国的创制时期，中国还是处在一个较为标准的西方早期现代的社会构建，即一个现代中国的政治与社会的发轫与肇始之际的话，那么，我们看今日中国，大陆经过三十多年改革开放所带动的社会之全面变迁，以及台湾在解严之后逐渐进入开放的自由化、民主化社会，海峡两岸暨香港、澳门，都已大致走过了早期现代的政治、经济、社会乃至文化的创建时期，都面临着向更为成熟的正常的现代社会的转型问题。中国在这个时间段面临的问题，从大的方面说，在我看来恰恰很类似于约翰·斯图亚特·穆勒所处的英国社会从早期现代向成熟现代迈进的转型时期，我们迫切需要约翰·斯图亚特·穆勒那样的承前启后的思想家，为这个极其复杂的转型时代提供切中肯綮的思想理论资源。

穆勒所面临的时代问题的迫切性在哪里？为什么说穆勒的思想在十九世纪的英国具有承前启后的意义？这就要回到穆勒这部经典之作的文本上来，颇有意思的是，通过近期的一番阅读，我有一个惊喜的发现，我感到穆勒的《论自由》，不失为一个十九世纪版本的洛克《政府论》。关于洛克之于英国早期现代的关系，我们早已熟知，他是英国光荣革命的理论辩护士，其《政府论》旨在为新生的英国政治提供理论的证成。穆勒的《论自由》明明是讨论自由问题，尤其是思想言论自由与个性自由问题，我为什么要把它视为洛克《政府论》的十九世纪英国之新版呢？我的这个观点的理据是什么，洛克与穆勒的共同点与不同点又是什么呢？

洛克《政府论》着重探讨的是政府权力的正当性来源，虽然洛克在《政府论》中非常强调生命权、财产权和自由权等基本的个人权利，但他作为早期现代的思想家，所面临或针对的真正的理论对手主要是霍布斯的绝对国家主权，因此《政府论》的中心内容在于构建一个人民同意的有限政府，个人的基本权利只是作为政府权力的正当性而被表述出来的。所以，洛克的《政府论》是一个基于个人权利的政治契约论的政府论。洛克的政治理论是与其时代密切相关的，作为十七世纪英国光荣革命的产物，它是要为光荣革命所建立起来的现代政府及其正当性辩护。我们看到，随着其后英国社会一百多年的演变发展，到了约翰·斯图亚特·穆勒的时代，早期现代所奠定的宪政政体制度已经得到富有成效的实施，人民的基本政治与公民权利在这个体制下均已获得较为妥当的保障，个人的财产权、生命权和自由权少有受到政府权力恣意的侵犯。有限政府、宪政框架以及法治主义，在思想意识上毋庸置疑地为英国公众所广泛接受，作为政府之正当性来源的自然权利学说，业已扎根于英国一百年来的制度实践之中，成为英国自由主义传统的一个重要组成部分。这表明英国社会已经走出了早期现代的历史阶段，这个国家，政体稳定，法制昌明，人民安居乐业，步入到一个成熟的现代社会的关键点上。在这个时期，英国社会并不是没有问题了，而是旧的问题已经解决，新的问题大量涌现，如何界定处在成熟社会的政府权力，就需要一种新的"政府论"，这个新的政府论，在我看来恰是由约翰·斯图亚特·穆勒的这本《论自由》来完成的。

在洛克的《政府论》中有两层逻辑，一层逻辑是构建政府，另外一层逻辑是彰显个人权利。洛克的真正企图是通过构建一个具有人民授权的合法而有限的政府，以此强化个人权利的重要价值，即它们是政府权力的正当性来源。所以，洛克的《政府论》又可以视之为权利论或自由论，right在洛克的语境中实质上就是一种绝对的自由，即自然权利论的自由。但是，经由光荣革命所建立的政权需要一种理论上的证成，致使洛克笔触的落脚点就落到了政府论上，他要为这个新生的政府提供理论上的辩护，然而，由于洛克的主旨在人民的自然权利上，所以他的政府论就难免具有激进主义的色彩。由此，我们也可以明确地指出，洛克并不是所谓的"御用文人"，他对于"光荣革命"的政府论证成，不是为了捍卫这个特定的英国政府，而是对现代政府提出自己的警示，即政府的建立要基于人民的同意，其正当性的根源在于公民的自然权利之保障，这才是当时欧洲思想界泛起的"国家理由"之前提。人民有服从政府的义务，但这个政府必须是得到人民授权同意的政府，是能够保障人民的生命权、财产权与自由权的政府，一旦人民的上述权利受到政府的严重侵害，忍无可忍时，人民就有反抗的权利。如此看来，与其说洛克是为革命之后的英国政府辩护，还不如说洛克是在借辩护之口来宣扬他的自然权利论和现代自由论。究竟是谁在利用谁，还真说不清楚呢。

穆勒这本名为《论自由》的十九世纪之新版"政府论"，从表面上看与洛克的逻辑恰恰是相反的，《论自由》的大部分篇幅讨论的都是个人思想言论自由以及个性自由的重要性，而洛克《政府论》的大部分内容讨论的则是政府权力以及立法权、执行权与对外权等政府的职权功能。所以，从这个层面上看，穆勒的《论自由》与洛克的《政府论》，其各自的论述主题都很鲜明，相互之间的关系并不是直接对应的。但是，我为什么要把穆勒的《论自由》视为新版或十九世纪版的"政府论"呢？因为，在我看来，穆勒看上去在滔滔不绝地谈自由，但其核心思想和隐含的重要目的实际上是在论政府，在于限制政府以及与政府相关联的"多数的暴政"。正是在这里，我们看到穆勒恰恰展现出了与洛克的激进主义相反的某种保守主义倾向，符合所谓保守自由主义的消极自由观念，而洛克的自由观念中则具有某种积极自由主义的色彩。换句话说，洛克谈的是（构建）政府，核心却是（保卫）权利（权利即是被视为绝对right的那部分自由），穆勒谈的是（捍卫）自由，核心却是（限制）政府（在穆勒那里社会即是广义的政府）。这样，穆勒就从与洛克相反的逻辑方向上，深化乃至完善了洛克的"政府—权利"学说，形成了一种新的"自由—社会"学说，大大丰富了自由主义思想的理论内涵与解释力度，更重要的是更好地因应了时代问题——限制政府权力，哪怕是具备基于权利论的正当性基础的政府亦不例外。

我们知道，现代社会所要处理的一个关键问题，是严复所说的"群己权界"问题，严复将穆勒的"自由"（liberty）翻译为"群己权界"，是以中国自己的语言非常准确且实质性地把自由的精义表现出来了。因为中文的"自由"一词，在传统意义中并没有"群己权界"的意思，英文的liberty一词，作为现代社会的核心意涵，关涉个人与他人尤其是个人与社会的关系，或者说关涉个人与"群"的权利（及权力）边界问题。两人以上就形成了群，群即社会，有了社会，就有了社会的power（权力），政治也就出现了。所谓的"群己权界"指的就是right与power之间的rule（规则）问题，这个群己权界就构成了自由的核心原则：一个社会的权力应该是一种基于规则的（具有正当性来源的）权力，其要义是通过划分政府权界，尊重并保障每个个体的right。但是，如何表述与处理right、power、rule三者之间的关系，联系到从古典社会向现代社会的演变过程，不同历史时期的思想家又有着基于不同逻辑向度的展示和论证。穆勒《论自由》的中心之论，不在基于个人权利构建政府（洛克意义上的"政府构建与个人权利"），而在讨论社会状态下的自由（穆勒意义上的"民主社会与个人自由"），但其实质上仍是通过个人自由来界定政府（虽然这个"政府"在穆勒那里已经因民主政体的有序运作而大大地等同于社会），因此，相比于洛克基于论证政府权力来源的正当性来阐释个人权利，穆勒论证的逻辑路向恰恰是相反的。

此外，穆勒所采用的逻辑方法论也跟洛克自然权利论不同，是一种基于知识真理论的功利论。因为英国经验主义不承认绝对真理，因此就主张没有谁能够垄断真理，即便是具有正当合法性基础的政府乃至社会本身，也都不例外。这就要求在追求真理的过程中，为思想言论自由提供广阔的社会空间，进而在生活方式的选择上也是如此，要为个性自由发展保留出可供伸展的领地。《论自由》的前三章主要是正面论述思想言论自由、个性自由的原理，在第四、第五两章，穆勒进入了对于自由原理的应用分析。在我看来，这两章才是全书的真正落脚点——为捍卫个人自由而划定"群己权界"，其实也就是新版的"政府论"，要旨也就是限制政府以及社会权力，限制权力行使的方式、范围以及强度，给那些可能是谬误也可能是真理的思想言论和个性拓展留下自由的空间，为人性的内涵向更丰富化的发展创造条件，为英国社会保持其活的生命力。穆勒的这个自由论显然是一种典型的否定性自由的论证：免于……强制的自由。由此，我们可以说，穆勒在思想史上拓展了自由的内涵，liberty在他那里，不再仅仅等同于right，甚至也不仅仅是复数的rights，他的自由概念要比权利概念包含更多的内容。在群己权界的范围内，每个人都有自由活动的空间，自由是否定性的、消极意义上的自由，这与洛克自然权利论意义上的积极自由是不同的，是洛克之后更深入的自由概念的发展。基于这样一种新的自由观，对于政府以及社会权力的性质与功能，就需要一种新的认识与界定，这也是与洛克的《政府论》所不同的，而这也正是穆勒新版"政府论"的理论价值之所在。

穆勒的思想表现方式之所以与洛克不同，主要是因为任何思想理论的发展都是与其时代相关联的，穆勒所处的时代与洛克的时代相比已经发生了重大变化。在洛克的时代，由于政治动荡，建立一个良性政府并为其寻找正当性基础，是当时的普遍诉求，虽然权利思想在英国传统中源远流长，但如何将权利思想用于支持政府构建并完成其理论表述，在当时并不明朗。所以，洛克担当起这一历史的重任，《政府论》的中心思想虽然是强调个人权利，但论述却偏重于政府构建。而在穆勒的时代，政府的构建已不需要论证，具有正当性基础的政府已经成为事实。这样一来，在人们习以为常的政府状态下，英国传统思想中甚至洛克思想中的那些权利内涵，在沿着自由的方向向着更有生命力的、更具朝气的前景拓展时（尤其是个人的思想言论自由）反而受到了轻视、压制乃至惩罚。从洛克时代到穆勒时代，英国社会在经过一百多年的演变后，生命权、财产权、自由权等基本权利，毋庸置疑地被视为政府权力的正当性来源，然而，在这样的一种情势下，个人思想言论的自由权、个性多样性发展的自由权，乃至在本书中未得展开但在穆勒后来著作中有所阐述的个人经济的自由权，等等，它们虽都凸显出来了，但却受到政府、社会以及公共舆论等方面的压制甚至打击。而在穆勒看来，这些自由（liberty）恰恰是让一个民族富有朝气、永远保持青春的最核心的东西，他为日渐僵硬的英国政治法律制度感到忧虑，认为它们有碍民族的健康发展，尤其是扼杀了民族的内在生命力。正是在这里，穆勒更深一步地拓展了关于人的社会本性的学说，大大丰富了个人自由的内涵，穆勒笔下的自由已经与洛克笔下的财产权有了相当大的不同，他更为强调思想言论乃至个性上的自由权。

穆勒在这本小册子里通篇大谈思想言论自由，以及与思想言论自由有着密切关系的个性自由，强调社会权力之于个人自由的限度。但是，我们不能因此就把穆勒关于个人自由的学说跟洛克关于个人权利的论述对立起来，实际上它是洛克思想在经过百余年社会演变之后的深化和拓展，是与新的社会形势直接相关的新版"政府论"，洛克的"权利"（right）是穆勒"自由"（liberty）的前提，这一点毋庸置疑。在承认洛克理论的前提下，穆勒的问题是：建立在个人权利正当性基础上的政府就可以限制个人的自由发展？这是洛克之后的新问题。跟洛克一样，穆勒的论证也有两层逻辑，一层是自由论，另外一层是政府论，他的主旨是要通过论证个人自由指向限制政府权力。他针对现代政府，哪怕是基于洛克权利论的现代政府，提出了新的政府论，即划清政府（以及作为政府后盾的社会）权力的边界，这是他与洛克最大的不同。洛克的《政府论》是十七世纪英国早期现代的政府论，穆勒的《论自由》是十九世纪英国成熟现代时期的政府论。从约翰·洛克到约翰·斯图亚特·穆勒，英国的自由主义思想大致经历了一个从早期现代到成熟现代的转折，穆勒结束了古典自由主义，开启了现代自由主义的先河。

前面我只是从西方社会转型尤其是英国社会及英国政治思想发展演变的脉络，谈了从洛克《政府论》到穆勒《论自由》因问题转换导致思想传承发展的一些相关问题，大体上围绕着个人权利、个人自由、政府及社会权力边界（规则）这些内容展开。上述所言对中国问题的昭示意义又在哪里呢？

中国一百多年来的社会演变历程，仿佛恰相对应着由洛克和穆勒为两端的西方现代叙事：以两个共和国成立为大致时间端点的半个世纪，可以说正是我所谓的"洛克政府论阶段"，不论表象如何纷乱，其终极诉求都是为政府构建寻找正当性基础，建立起宪政框架；历经六十年尤其是以大陆改革开放为重心的晚近三十年的社会变迁，我们又确实来到了我所谓的"穆勒新政府论阶段"。并且在我看来，由于中国一百多年来社会政治发展演变的曲折甚至可说灾难深重，又使得自由与权力问题更为复杂，用我的话说就是，在二十一世纪的中国，面临着双重扭结的问题。一方面，我们依然需要洛克的《政府论》，因为基于个人权利的现代国家政府构建并未经由一系列革命彻底奠定下来，权利论与契约论的宪政民主框架即现代国家政制构建还有待完成，这也正是我一再强调洛克理论仍然是我们这个时代所需要的原因所在。而与此同时，中国社会自身的发展却不会停留在早期现代阶段，而是迅速向成熟现代迈进，所以另一方面，我们就又在还没有走完"洛克政府论阶段"的时候进入了"穆勒新政府论阶段"，因而穆勒的《论自由》同样成为我们所必需。

这次通读了孟凡礼君新译的《论自由》后，我的有关早期现代之于中国的想法得到了进一步深化：在一个基本权利问题未得根本解决的社会情况下，如何捍卫已经凸显出来的个人自由，尤其是思想言论的自由，从而保持这个民族的生命力，为个人自由留出向纵深拓展的足够的社会空间（这些东西正是穆勒所揭示出来的不同于洛克 right 的 liberty 的核心意涵所在）？在穆勒看来，最关键的就是限制政府权力，划定它的界限，他反对政府乃至社会的舆论一律，要求尊重个性自由，反对政府垄断工业、垄断人才（即使是通过全面公平的公务员考试遴选制度）。反观我们，穆勒所指陈的那些问题，权力边界问题等，诉诸我们亲身的所见所感，比之十九世纪的英国，情况何其严重乃尔！请看：

如果公路、铁路、银行、保险、大型股份公司、大学以及公共慈善事业等等，所有这些都成了政府的分支；又如果城市自治会和地方议事会，连同目前所有交付它们管理的事务，都成了中央行政系统的附属；如果所有这些不同事业的雇员都要由政府任命和支付薪酬，乃至终其一生每一升迁都需仰赖政府；那么，纵有再多的出版自由和民主的立法机关，都不足以使英国和其他国家变得真正自由，除了徒具自由之名而已。并且行政机器的构建越是科学有效，即其网罗最优秀人才来操纵这架机器的办法越是巧妙娴熟，其为患也就越大。

……一切自由民族都应如是；而能够如是的民族也必是无

往而不自由的；这样的人民，永远不会因任何人或任何团体能够控驭其中央政府，就甘心让自己受他们的奴役。也没有任何一个官僚机构能够指望，可以让这样的人民去做或遭受任何他们所不愿意的事。然而，在各种事务都要由官府包揽的地方，任何为官府所决意反对的事情都根本不可能做成。此类国家的体制，不过就是将通国的能人才士，都组织进一个纪律森严的团体，以此来统御其余人众；其组织本身愈是完善，其从社会各界吸纳和规训最优秀人才的做法愈是成功，其对包括官府成员在内的所有人众的束缚就愈是彻底。因为统治者自己也成为其自身组织和纪律的奴隶，就像被统治者是统治者的奴隶一样。

……

在这些文字中，我们仿佛看不到十九世纪的英国，而完全是当前的问题。穆勒所指陈的公共权力对言论自由和个性发展的限制，尤其是权力漫无边界的问题，何以在跨越了一百五十年之后，仍然让我们身受而感同？由此可见，一部真正伟大的著作，所谓的经典，固然是源于作者生存时代与地域的问题激发，但其思想价值完全可以超越它的时代和它的地域，而具有某种程度的普遍性或普世性意义。就穆勒这部《论自由》来说，它所确立的有关自由的论述，它对于政府职权的界定，已经远远超出了十九世纪的英国，而为任何一个走向现代社会的文明国家和公民个体所认同，并由此激发他们追求自由的心声。所以我认为，在当今的中国，我们不仅需要洛克，同时也需要穆勒，我们需要两个版本加起来的政府论与自由论，因为这两个政府论与自由论所分别讨论的问题正变得日益严重而迫切。

作为读者，我们依然有必要读洛克，读穆勒，因为他们的著作不仅仅是学问之作，而且是思想之作，不仅仅是历史之作，而且是现实之作。他们提出的问题与当今中国人的自由生活密切相关，他们就是写给我们读的，说给我们听的。一个能够思考自由与政府的民族才可能成为一个真正成熟的政治民族。所以，朋友们，读书吧。

2010年秋

《论自由》：个人、社会与国家【*】

亚历山大·布雷迪（Alexander Brady）

li

个人、社会与国家之间的关系，是约翰·斯图亚特·穆勒作品贯穿始终的一个主题，这一主题在《论自由》中得到了特别而又令人印象深刻的关注，这是一部经常被误解的经典，也是他所有作品中最具争议的一部。【1】穆勒的总体目标是确立个人和自由的首要地位，在他看来，自由是个人内在力量充分

【*】译自 *The Collected Works of John Stuart Mill*, *Volume XVIII - Essays on Politics and Society Part I*（Toronto: University of Toronto Press, London:Routledge and Kegan Paul, 1977），该文原系《穆勒著作集》第18—19卷《关于政治和社会的论文》整体的导读。这里节译了关于《论自由》的部分，以及针对全两卷书的"结论"部分，后者有助于读者了解穆勒在《论自由》之外的政治思考，因此一并译出以供参考。——译者注

【1】从一开始，这本书就引发了争议。J. C. 里斯（J. C. Rees）在《穆勒和他的早期批评者》（*Mill and His Early Critics*, 1956）一书中讨论了1859年至1873年穆勒逝世期间对该书的一些评论，并重新检讨了该书的个人主义（接下页）

発展所必需的条件。正如他所想的，这项任务是迫在眉睫的，

因为当时正处于一个关键的转型时代，这个时代目睹了民主的出现、表达意见的媒体的改进和扩大、多数者暴政的威胁，以及像奥古斯特·孔德这样敌视个人自由原则的改革者的活跃。

无论怎么说，《论自由》都不能与穆勒的其他作品割裂开来。他从早期文章中选择、提炼和发展了某些要素，这些文章鼓吹宗教宽容、自由讨论，以检验观念并甄别真理与谬误，倡导出版自由，以促进公众启蒙和完善负责任的政府。早年的友谊和交往，尤其是与托马斯·卡莱尔、亚历西斯·德·托克维尔、圣·西门派信徒，特别是与哈丽特·泰勒的友谊和交往，

（接上页）假设和自由概念。一位当代作者，格特鲁德·希梅尔法布（Gertrude Himmelfarb）在《论自由与自由主义》（*On Liberty and Liberalism: The Case of John Stuart Mill*, 1974）一书中研究了穆勒的主要论点，并认为这与穆勒在其他著作中的立场背道而驰。卡尔·弗里德里克（Carl J. Friedrich）所编的 *Nomos IV Liberty* 收集了一系列纪念穆勒著作一百周年的反思性研究，其中大卫·施皮茨（David Spitz）的研究在这方面很有用："自由与个性：穆勒自由观回顾"（"Freedom and Individuality: Mill's Liberty in Retrospect"）。理查德·弗里德曼（Richard B. Friedman）在《穆勒论自由新探》（"A New Exploration of Mill's Essay on Liberty"）一文中重新审视了穆勒的论点（*Political Studies*, XIV, October, 1966, 281–304）。莫里斯·考林（Maurice Cowling）在《穆勒与自由主义》（*Mill and Liberalism*, 1963）一书中对穆勒提出了新颖而不留情面的批评，认为他是一个专制者，一心想在社会科学的基础上建立一种新的人类宗教。这本书以及学者对它的反应说明，《论自由》仍然可以引起广泛的争议。其他一些有趣的评论见彼得·拉德克利夫（Peter Radcliff）主编的《自由的界限：穆勒〈论自由〉研究》（*Limits of Liberty: Studies of Mill's On Liberty*, 1966）。英国法学家帕特里克·德夫林（Patrick Devlin）在《道德的强制》（*The Enforcement of Morals*, 1965）一书的第六章中反馈了他对穆勒和道德的看法。

影响了他对自由的看法。[2] 在他自己看来，妻子在智识上的帮助和指导可谓无处不在，以至于他要视她为实际上的共同作者。一些评论家，最著名的是格特鲁德·希梅尔法布（Gertrude Himmelfarb），将穆勒思想对早期文章的某些偏离归咎于哈丽特的劝说。此外，社会环境、英国的弹性宪法，以及十九世纪中期英国的普遍情绪和态度，也对这本书产生了微妙而深刻的影响。人们不难同意诺埃尔·安南（Noel Annan）的观点，他说穆勒的《论自由》建立在一个无意识的假设之上，即英国海军统治着海洋，第五纵队不可能在英国扎根，英国是当时欧洲唯一一个和平主义能够枝繁叶茂的大国。[3] 它还建立在穆勒对人类理性的极度自信之上。

在引论中，穆勒指出他的目标是：

力主一条非常简明的原则。若社会以强迫和控制的方式干预个人事务，不论是采用法律惩罚的有形暴力还是利用公众舆论的道德压力，都要绝对遵守这条原则。该原则就是，人们若要干涉群体中任何个体的行动自由，无论干涉出自个人还是出自集体，其唯一正当的目的乃是保障自我不受伤害。反过来说，违背其意志而不失正当地施之于文明社会任何成员的权力，唯

【2】 J. C. 里斯（J. C. Rees）在一篇文章中尝试评估这些影响，见 "穆勒自由思想发展的一个阶段"（"A Phase in the Development of Mill's Ideas on Liberty"）, *Political Studies*, VI（February, 1958）, 33–44.

【3】 Noel Annan, *The Curious Strength of Positivism in English Political Thought*（London: Oxford University Press, 1959）, 16.

一的目的也仅仅是防止其伤害他人。他本人的利益，不论是身体的还是精神的，都不能成为对他施以强制的充分理由。（223，参见本书页边码，下同）

在这个一般性公式的基础上，又补充了一个论点，即个人在任何仅涉及自身的事情上的独立性都应是绝对的。从一开始，这一公式的宽泛性就使它受到各种不同的解释。在穆勒看来，它意味着一种个人功用（utility），因为自由是个人发展的不竭源泉，它也意味着一种社会功用，因为最终社会必定会受益于多样而丰富的个人生活的极力维持。所有人的进步取决于每个人的自由。

liii   穆勒自由原则的主要条款既不适用于儿童，也不适用于无法进行自由平等讨论的不发达社会。因此，他的自由原则并不是不分时间和地点的绝对伦理，而是与不断变化的环境相关联，而这种变化影响着作为进步之物的人类的行为（224）。专制而非自由是原始社会的正当规则，前提是它有助于原始社会发展到可以从自由中受益的最终阶段。自由的适当领域包括：良心、思想、意见，以及伴随"个人以自己的方式并自担风险追求自身利益"而来的所有品味和职业。还包括个人出于不伤害他人之目的的自愿组合。

在穆勒关于自由的论述中，某些因素值得特别强调。他对这一概念初始的和主要的解释来自英国的经验主义传统，即把自由等同于个人思想和活动不受外部强制。当人们能够按照自己的愿望行事时，他们就是自由的（294）。他们的自由在于表达他们想表达的观点，做他们想做的事而不伤害他人。迄今为止，对这种自由的主要威胁来自不负责任的专制政府，这些政府为了满足自己的野心和利益，侵犯了个人自由的习惯领域。因此，早期的自由主义运动寻求通过宪法和权利法案让统治者对人民负责，以此来解决权威与自由之间的冲突。这些努力给西欧带来了一个政治自由主义和民主的大时代，人们希望这将促进他们的利益并保护他们的自由。起初，穆勒也抱有同样的希望，但是，部分受托克维尔和美国经验的影响，他很快意识到民主中隐含着暴政的成分——即多数人或那些自认为是多数的人威胁着个人和少数人的自由（218—19）。

他还看到，在民主时代，对自由的主要威胁越来越多地不是来自政府官员和法律的惩罚，而是来自社会本身，来自社会习俗、流行偏见和大众意见不可避免的压力。社会在行使权力时，会执行自己的命令，对个人施加一种无处不在的强制力，其无情程度几乎不亚于法律，甚至更加反复无常。"在我们的时代，"穆勒在第三章中写道，"从社会的最高级到最低级，每个人都生活在怀有敌意的目光与令人恐惧的审查之下。"（264）在如此严格的公众监控下，个人和家庭的行为与其说是由"他们自认为应该如何"来塑造的，不如说是由社会环境的要求来塑造的。他们倾向于遵从习俗、公众意见和既定规范。他们迷失在人群中："（由于）搁置自己的本性而不用，最终至于根本没有了可以遵循的本性。"（265）在现代国家，大众情感有了更 liv

大的表达和支配机会。在穆勒看来，这一事实有害于人类天性的多样性和思想的独创性。[4]迄今，人类一直从天才人物那里大大受益，正是他们使进步成为可能。然而，他担心大众支配的出现会破坏自由和宽容的氛围，而这种氛围恰为孤独的天才养成和发挥他们的影响力所必需。

当大多数人无法做出判断和选择，从而抛弃或放弃自由时，社会暴政的终极阶段就出现了。他们坦承"不渴求自由，也不稀罕自由之助益"（267）。作为个人，他们失去了决定自己命运的能力。在他的《自传》中，穆勒将此视为社会的退化，退化"成为现代世界中唯一真正危险的专制——行政首脑对一群孤立个人的绝对统治，人人平等，但皆为奴隶"。[5]

正是对当前社会趋势的担忧，让穆勒如此热衷于制定一项计划，以保护人们免遭在他看来是悲惨的命运。行为准则必须鼓励个人充分探索生活的目的和品质，这既是为了个人自己的好处，也是为了人类的好处。在第二章中，他对思想的自由交流推崇有加，认为这是其他自由主义价值观的关键。它使一个社会能够认识自我和改进自我。"错误的观点和做法逐渐让位于事实和论证。"（231）穆勒断然拒绝了某些国家的主张，即政府有权

【4】 David Riesman、Reuel Denney 和 Nathan Glazer 在《孤独的人群》（*The Lonely Crowd*, New Haven: Yale University Press，1950）第 301 页，向穆勒表达了敬意，因为穆勒预言了现代社会学家关于社会从众的论点和民主社会中大众意见的难以捉摸的影响。另见 Sheldon S. Wolin, *Politics and Vision*（Boston: Little Brown and Company, 1960），349-50.

【5】 *Autobiography*, 116.

在公众提出请求时干涉新闻自由。最好的政府也不比最坏的政府更有权支配或压制意见。尽管在他看来讨论自由不是一项天赋权利，但在一个进步社会的生活中，这是一项头等大事。

这种自由不仅保护人们免受暴君和腐败统治者的侵害，还有助于促进公民对自身及其社会的理解，解决社会冲突，并将真理确立为人类探索的理想目标（尽管这一目标难以实现）。穆勒认为，对立意见的碰撞是启蒙的工具。真理可能会因为一个异议者被迫沉默而受到损害。"对我们所持的意见，给予反驳与质难的完全自由，是我们有理由为了行动的目的而认定它正确的先决条件；而且除此而外，在人类智能所及的范围内，没有任何东西能够作为正确性的理性保证。"（231）这种乐观的观点并没有得到他同时代所有追随者的支持。伦纳德·考特尼（Leonard Courtney）怀疑真理是否可以在两种对立的理论之 lv 间找到。这种学说可以是打击教条主义的一种有力武器，但是"作为进攻和反击的利剑虽可，当它被打造成和平的农事之犁时，价值就不复存在了"。[6]

穆勒在这里自信十足地表达了自由讨论的优点，这些观点中也没有人们所期望的保留。但这并不是他迄今一贯赞同的观点。十九世纪三十年代，在《时代精神》《文明》和《论柯勒

---

[6] 考特尼（W. L. Courtney），《约翰·斯图亚特·穆勒的生平与著作》（*Life and Writings of John Stuart Mill*，1889），126-7。考特尼还引用了卡罗琳·福克斯（Caroline Fox）说的"穆勒论自由那本可怕的书，清晰、冷静和冷酷，他让自己背上一项巨大的义务，让自己接受反驳，并且承认总是会在你最亲爱、最神圣的真理面前放上一位魔鬼辩护人"（*ibid.*, 125）。

律治》等文章中，他承认自己对无限制的自由争论感到恐惧。[7]他当时表示怀疑，扩大讨论就必定能增广政治智慧或加强公众判断力，特别是当讨论影响到民族国家权威的基础原则时。他认为，重要的是讨论的质量而不是数量。1833年，他对卡莱尔说："我对'自由讨论'者所谓的'意见碰撞'的好处并没有什么概念，我的信条是，真理是在头脑中自己种下和发芽的，而不是像火石中的火一样，是用另一个坚硬的物体撞击而突然打出来的……"[8]

这些保留意见可以由时间和环境的差异而得到解释。穆勒的主要抱负是成为英国公众的哲学家兼教师。在不同的环境下，以及在不同的时期，他在重大问题上都是无保留地直陈己见，但是当环境与他自己的想法不同时，他写的有时会与他说的不一致。在他处理关系到权威的自由讨论时，这种差异尤其明显，他在这方面留下了许多没有解答的问题。然而，他在《论自由》第二章中的意见之坚定和语言之笃实是不容忽视的。无论与之前的著作如何不一致，这显然都是他真正的未经修改的遗嘱。

在第三章中，穆勒的论证思路与第二章平行。前一章，他力主通过言论自由来发现社会真理，后一章，他力主通过行动自由来成就生机勃勃的个性。从某些方面来说，这是他文章中最独特的部分，因为个性的概念赋予他的自由主义更加独创

【7】 格特鲁德·希梅尔法布在《论自由与自由主义》第36—56页讨论了穆勒的一些矛盾之处。

【8】 《穆勒早期信简1》，*CW*，XII，153.

和更有争议的元素，盖过了长久以来就被称颂的更古老的言论自由。那些伟大的自由主义先辈，比如弥尔顿和洛克，从未尝试为自由自主的自我囊括如此广阔而不确定的领地。穆勒的 lvi 论点为他的开放社会观增添了一个维度，并且反映了德国人威廉·冯·洪堡对他的影响，洪堡的一句话被作为这篇论文卷首的题词。【9】穆勒从洪堡那里吸收了这样一个概念，即人类必须力争实现"能力与发展的个性化"，这就意味着人类生活的必要自由空间和多样性。（261）

当他把人的发展说成是个性培养的严格同义词时，他体现了洪堡的精神。必须培养个人潜在的综合素质，以消除单调的社会统一性所带来的弊端，因为在这种统一性中，人们都是一个模子刻出来的。作为一种创新的力量，个性被认为通过各样东西表现出来——随时随地的独创性、行为和惯习的差异、自发性和活力的不同表现，以及独特的生活方式。事实上，穆勒认为，怪癖本身就有助于打破大众态度和意见的束缚。他认为，"无论何时何地，若是其间饱含性格力量，怪癖行为也必定随处可见。而一个社会怪诞之行的多寡，一般说来也跟其所含创造才能、精神活力以及道德勇气的多寡恰成正比。"（269）他认为，发明家和创新者很可能被他人视为怪人。总之，穆勒没有承认莱斯利·斯蒂芬（Leslie Stephen）后来认识到的一点，

【9】 穆勒在洪堡的《论政府的责任与范围》（*The Sphere and Duties of Government*）英译本1854年出版后，读到了它。

即古怪并不总是一种美德：当它浪费个人精力并把自己耗费在琐屑之事上时，它就会是确实的坏处。[10]一位现代批评家指出，穆勒"把自由看作是实现人类精神最高境界的一种手段；他没有足够认真地考虑到人们也可以自由地探索堕落的深渊。他认为个性是活力和聪明才智的可喜释放，仿佛个人在追求卑劣目的时就不可能是活力充沛和心思机巧的，像追求高尚目的时那样"。[11]

不过，穆勒做了一个保留，即人们决不能低估人类的传统和经验："妄称仿佛彼等出生之前世界一团黑暗，或人类迄今之经验尚不足以显示各种生存与行为方式孰优孰劣……则同属荒谬。"（262）然而，当务之急是让他们能够根据自己的情况，以自己的方式自由地解释经验。

为了支持他对个性的诉求，穆勒对任何一套信仰都深表遗憾，比如加尔文教，他认为加尔文教将人性视为堕落，将自我意志视为罪恶之源。严格的加尔文主义灌输对上帝意志的严格服从，从而麻木了个人的独立性。（265）穆勒不会推崇让服从战胜意志，让自我否定战胜自我伸张。他认为希腊人的自我发展理想更有吸引力，这种理想承认人的本性适合各种目的，而不仅仅是适于自我牺牲。他尤其感到不安的是，现代信条倾向于将所有具有鲜明个性的东西整合成一个巨大的统一体，而不

【10】 Leslie Stephen, *The English Utilitarias*（London: Duckworth and Co., 1900），III, 269.

【11】 格特鲁德·希梅尔法布，《论自由与自由主义》，第321页。

是在不妨碍他人的权利和利益的范围内培植个性。

在本章的其余部分，穆勒继续赞扬个性鲜明的个人的优点，他们的发展给人类带来了不可估量的好处："凡是摧毁人之个性的，却都可以称之为暴政，无论它以什么名目出现，也无论它宣称执行的是上帝的意志还是人民的命令。"（266）他担心，社会正在战胜个性，这对社会本身是一种损失。个人更积极的生活将有益于大众更真实的生活。那些被赋予独创性和天才的人可以帮助他们的同胞减少平庸的死气沉沉。与他在其他地方所说的不同，穆勒在这里显然相信普通人有能力认识并接受天才的引领。（267）

在最后两章，他探讨了如何合理解释和应用他的自由意志主义原则（libertarian principle）。在有限的篇幅内，他尝试探讨一个具有广泛道德和社会影响的庞大主题。为了便于处理，他试图将生活的一部分归于个人，另一部分归于社会，这种逻辑上的冒险造成了困难和混乱，批评家长期以来一直强调这一点。在这篇导言中，要详尽阐述他的这一论证是不可行的。但我们可以留意一下他将其原则应用于具体人类情境的一些例子：个人对酒精、毒品和赌博的沉迷；教育的提供；经济生活；以及国家的治理。

穆勒偏向于让个人在关乎自己生活的所有事务中自由行使自主权，因为每个人大概比任何人都更了解自己的愿望和需求。但他也承认，这样做会带来一些棘手的问题，因为没有人是与社会隔绝的。例如，一个人可以根据自己的喜好自由饮用酒精饮料，即使喝醉也没关系。他不应因喝醉本身而受到社会的惩罚，只有在醉酒对他人造成不良后果时才应受到惩罚。士兵或警察在执勤时酗酒当然要受到惩罚，因为他的这种行为与他人有关，对他的同胞造成了实在或潜在的危害。其他人如果饮酒过量，伤害了自己和家人，他们至少应该受到道德上的谴责，在某些情况下还应该受到法律上的惩罚。总之，只要个人的恶习导致伤害他人的行为，就必定越出了自由的领域，要服从道德或法律的约束。

lviii　　穆勒评论了这些问题的严重性：

　　如果人们公认应该对孩童和未成年人予以保护以防其伤及自身，那么对那些同样没有自治能力的成年人，社会为什么就一定不能给予同样的保护呢？既然赌博酗酒、纵欲滥淫、懒惰污秽等行为，如同法律所禁止的大多数恶行一样，既有害于幸福又大大妨碍进步，那么（有人就许会问）在既切实可行又合乎社会便利的条件下，为什么法律不能对它们同样力图制止呢？而且，法律难免有不足之处，而舆论作为法律的补充，难道不该起码要组织强大的警力，用以防止这些恶行并对那些确实犯有恶行的人施以严厉的社会惩罚吗？（280—1）

　　这些措施丝毫不会阻碍个性的绽放，也不会压制个人生活中新的大胆尝试。它们只是处理了长期以来受到世人谴责的做法。酒精还影响到穆勒有强烈观点的另一个问题：禁酒协会试图通过禁止销售来减少酒的消费。饮酒主要是私人行为，而卖酒则是社会行为。在穆勒看来，对销售的任何干预都会侵犯潜在购买者和消费者的自由。但禁酒运动得到了一些人的支持，他们声称贩卖酒类的商人侵犯了他们的社会权利。在美国禁酒协会的短暂胜利中，穆勒满腔义愤地发现了一个典型的例子，即压力团体无视他人的自由，利用民主机制来达到自己的目的。（287—8）他同样反对安息日立法，因为它也反映的是一部分人的宗教偏见，他们强迫其他人接受这种立法。

穆勒指出，自由经常在应该被剥夺的地方被给予，在应该被给予的地方被剥夺。（301）教育就是一个例子。在他写作的时候，父亲以自由的名义独享决定子女教育的权力仍然很普遍，穆勒批评说这种做法是不公正的。在他看来，一个国家的儿童，无论贫富，他们的福祉都与国家息息相关，这是不言而喻的。尤其是，国家必须确保所有儿童都能接受规定标准的教育，父母必须保证他们达到这一标准，穷人的教育费用由政府承担。

由于他的理性主义精神，穆勒对教育作为一种改良力量有着过分的信心，并将教育与人口控制一起作为现有社会弊病的两种主要补救措施。但是，他反对国家应该提供教育的观点。在这里，他显然对一些父母做出了让步，他们出于多种原因（通常是宗教原因）对教育的实质及其应灌输的价值观持有不同看法。然而，无论如何，他有自己明确的理由拒绝国家指令。他担心这是将公民塑造得彼此完全一样的现成工具，从而粉碎了他所持的个性应该得到恰如其分的栽培的抱负。出于统治权

lix

力的方便和利益，无论绝对君主、神职人员、贵族，还是民主国家的多数派，都会创造出一个共同的模式。"由国家设立并控制的教育，"他写道，"如果非要存在，也只能作为诸多竞争教育实验的一种而存在，其开办目的也只是为了提供某种示范或激励，以使其他类型的教育达到一定优秀标准。"（302）对于这条规则，他提出了一个例外：如果社会非常落后和贫穷，公民无法负担适当的教育，那么政府必须提供教育。

在《论自由》中，穆勒没有对经济生活中的自由进行广泛讨论，因为他已经在《政治经济学原理》中对此进行了详细论述，该书于1848年首次出版，在1859年《论自由》问世之前经过了四次修订。但他明确表示了对自由市场概念的重视。穆勒指出，政府曾经有责任确定市场价格和监管生产流程。（293）但长期的经验表明，商品的质量、数量和便宜最好是通过自由市场的买卖双方共同来实现，即使某些个人遭到损失，整个社会也会从中受益。他试图维护市场作为自由工具的基本概念，即使在酒精和毒药等可能被滥用或用于破坏性目的的商品上也是如此。

不过，他也承认，国家有时需要干预市场过程，以确保公共利益和私人利益的平衡，防止欺诈，揭露食品掺假，保护从事危险职业的工人等，这一点同样扎根于经验之中。穆勒坚持自由市场的理念，除非结果明显不好；在这种情况下，他赞成干预，允许权宜之计取代自由。在他看来，通常情况下，听凭人们自便比控制他们更好，但有时为了整体利益，必须对他们进行控制。

从十九世纪四十年代末开始，穆勒对国家干预的兴趣因各种层出不穷的事件的影响而大大增强：爱尔兰饥荒年代的赤贫困境、持续存在而让人看不到前途的土地问题、工业化英国的严重社会问题、宪章运动的爆发，尤其是1848年的法国革命和提出深刻变革建议的社会主义者的出现。巴黎革命给穆勒带来了与1830年早期事件同样强烈的冲击。1848年2月，法兰西共和国宣告成立后不到一周，他写信给亨利·查普曼（Henry S. Chapman）说："我阅读和思考着这场革命，几乎还没有喘过气来。没有什么能超过它对世界的重要性或它的成功所涉及的巨大利益了。"【12】

lx

在这场革命中，给穆勒留下最深刻印象的是社会主义者有效地提出了政府在经济和社会生活中的作用问题，特别是在减少经济不平等方面，因为经济不平等会滋生激烈的分歧，破坏国家的稳定和安全。他深信，在英国和法国，私有财产都受到了严重威胁，必须想方设法纠正现有的弊端。他的改良主义思想反映在《政治经济学原理》的历次修订中，特别是1852年的第三版。尽管他拒绝接受社会主义论点中的某些内容，但他比以往更加同情社会主义。1848年11月，他写信给美国记者约翰·杰伊（John Jay）："对于社会主义者提出的取消私有财产

【12】《穆勒早期信简2》，*CW*，XIII，731. 参见穆勒对革命的广泛辩护，*Westminster Review*，LI（April, 1849），重印在 *Dissertations and Discussions*，II，335–410.

的具体计划，我已经有理有节地表达了我的反对意见，但在许多其他重要问题上我同意他们的意见，我对他们除了尊重再没有别的感觉，我反而认为他们是改善人类现状的最大因素。"【13】

罗宾斯勋爵（Lord Robbins）认为，在穆勒的思想中，一部分同情社会主义，而另一部分又对社会主义持批判态度。他的结论是，穆勒"对这种社会的根本基础感到不安；尽管他相信进步，但他对未来感到恐惧；他没有把握知道我们将走向何方；更重要的是，他没有十足的把握知道他希望我们走向何方"。【14】有些人可能会质疑穆勒是否像罗宾斯勋爵所说的那样不确定和消极，但无论如何，他在社会主义问题上的思想仍处于不断变化的状态。1849年，他写道："社会主义是抗议的现代形式，在所有思想活跃的时代，人们都或多或少地对社会利益的不公正分配提出过抗议。"【15】他仍然认为这是一种宝贵的抗议运动，但怀疑社会条件是否已适合使它成为私有财产制度的可接受的替代物。在社会主义切实可行之前，道德和教育方面的巨大进步是必不可少的。1852年，他向一位德国教授抱怨说："劳动阶级毫无准备，他们目前在道德上极不适合社会主义所赋予的权利和所规定的义务。"【16】

【13】《穆勒早期信简2》，*CW*, XIII, 740-1.

【14】Lionel Robbins, *The Theory of Economic Policy in English Classical Political Economy*（London: Macmillan, 1952），143.

【15】*Dissertations and Discussions*, II, 388.

【16】《穆勒晚期信简1》，*CW*, XIV, 85. 另见他在同年另一封信中的观点, *ibid.*, 87.

穆勒对社会主义的日益同情在《论自由》中并不明显。既
然这部著作的主旨是培植个性，也许就很难期望它会向集体主
义思想致敬。在文章的最后一部分，他总结了自己反对政府
干预的主要理由，除了政府干预是为了保护个人自由的情况。
（302—10）他反对政府干预私人可以管理得比政府更有效的事
务，因为私人对结果有更深的关切。即使个人的能力可能不如
政府官员，他也还是反对政府插手，因为个体的人可以在提供
服务的过程中获得宝贵的公共教育。这样，他们就能增强自己
的能力、判断力，以及对与自己和社会息息相关的共同利益和
不同利益的把握能力。他在陪审员服务、参与地方管理、开展
志愿慈善或工业活动中找到了这样的例子。没有这样的实践经
验和教育，任何人民都不可能具备在政治自由中取得成功的充分
条件。中央政府的职责不是直接参与这些活动，而是充当这些活
动的中央存储器，传播在众多公民活动实验中积累的各种经验。

在穆勒看来，反对中央政府不当干预的最重要的原因，就
是要避免中央政府权力过大的弊端。权力越大，个人和团体发
挥独立首创作用的空间就越小：

如果公路、铁路、银行、保险、大型股份公司、大学以及
公共慈善事业等等，所有这些都成了政府的分支；又如果城市
自治会和地方议事会，连同目前所有交付它们管理的事务，都
成了中央行政系统的附属；如果所有这些不同事业的雇员都要
由政府任命和支付薪酬，乃至终其一生每一升迁都需仰赖政府；

那么，纵有再多的出版自由和民主的立法机关，都不足以使英国和其他国家变得真正自由，除了徒具自由之名而已。（306）

这里当然不存在中央集权的国家社会主义的倡导者。

在《论自由》最后一章讨论的众多主题中，最后一个是官僚主义。在早期文章中，穆勒是英国文官制度吸纳杰出人才的忠实拥护者。尽管在这个问题上他没有改变自己的观点，但他认为，为了政治自由的利益，任何文官制度都不能垄断国家所有杰出的头脑和技能。他认为，必须确保在文官制度之外有一种不亚于其内部的智识影响力，以防止官僚主义主宰政府，扼杀明智的批评。他担心，如果民众只向官僚机构寻求指导和命令，或者如果有能力有抱负的人主要依靠官僚机构获得个人升迁，那么政治自由就会受到威胁。甚至，用穆勒的话说，除非官僚机构处于"体制外同等能力的监督批评之下"（308），否则它自身的能力很可能会受到削弱。要不然，它就会成为其传统缺陷的牺牲品：对僵化规则盲目依从，对懒散的例行公事习以为常。它还可能犯下另一种错误。官僚团体的领导者可能冒险追求考虑欠周的不成熟政策，也就是那种政治领袖太过容易接受、无辜的公众又太过有耐心容忍的政策。

穆勒的论证自始至终都是机敏的，但措辞笼统。他关于官僚主义特征的论述似乎主要源自他从欧洲国家的历史和经验中学到的东西。他没有将具体的滥用归咎于美国或英国的官僚权力。实际上，他对新英格兰地方自治制度的大加赞赏，以及对

lxii

美国民政能力的高度钦佩，都表明他并不是在抱怨共和政府中的官僚弊病。他的明显意图是提出一个严肃的警告：官僚主义会危及个人自由，只要两个必要的保障付诸阙如或被忽视：一是公众的警惕性和批判性，使官僚体制始终处于明智的监督之下；二是政治权力在全国范围内的广泛分散，使个人和团体成为政治体制中的有效因素。在穆勒看来，官僚主义和中央集权制的弊病是交织在一起不可分割的。防止官僚主义和中央集权的最好办法就是在符合国家统一的前提下确保最大限度的地方自治。

结　论 lxv

　　穆勒在本卷[*]中的著作，展示了他广泛的政治思想和见解。尽管他的主要兴趣是代议制和民主政府的出现及其对个人的影响，但他触及了他那个时代重要的政治思考的大多数方面。他不仅仅是一个冷静的分析家，他还不断参与改革论战，这与他自己从边沁和父亲的思想中塑造出来的自由主义是一致的。他的改革建议主要是为了更广泛的人类利益而有意识地修正和诠释边沁主义的具体产物。 lxvi

　　一个世纪后回头看，我们不难列举出穆勒政治思想中较为突出的观点。除了他的自由理论之外，他还非常希望在政府治理的每一个阶段都能激发和发展人的理性能力。在他关于代议

【＊】　即《穆勒著作集》第18—19卷：《关于政治和社会的论文》。——译者注

制的讨论中，这一努力贯穿始终。他希望看到人们受理性目的支配的程度远远超过过去，为此必须设计制度。穆勒立场中的悖论显而易见。他认为应该由多数统治，但又认为只有少数才可能拥有必需的智慧。作为一个不情愿的民主派，他力图挑选少数受过良好教育、智力出众的人担任公职。他对代表权和选举权的所有讨论都是为了保护个人和少数的利益，确保受过教育的头脑得到最大程度的认可。他认为，尊重智力差异对于民主精神来说是不自然的，但为了民主的利益，必须尽快采取一切可能的措施来培养这种精神。应强调投票行为是人们做出的理性决定，因为理性必须占上风。

在他的思想中，同样重要的是要在现代国家中实现强大和相互竞争的利益之间的平衡。在他看来，工业社会似乎是各阶级和集团为不同目的而进行的激烈斗争。鉴于这种斗争，民主如果要提供最好的政府形式，只有当它"组织得如此之好，以至于任何阶级，即使是人数最多的那个阶级，都不能将其自身降低到政治上无足轻重"时。政府的运作方式必须能够维持切实可行的利益多元化，防止任何一个利益集团凌驾于其他所有利益集团之上。他关于政治机器的许多论述都涉及往往十分复杂的工具，旨在保护社会免受单一利益集团的垄断权力。直到生命的最后一刻，他仍深信，对抗性利益的存在对于政治自由的存续至关重要。

穆勒对当代国家经济角色的观点则不那么准确，也更难概括。在这个主题上，他的思想在1848年后经历了显著的变化，

以因应社会的变革和欧洲舆论的潮流。他的哲学精神是促进每

个人的全面和自由发展。然而，他怀疑现有的工业社会是否为

这种发展提供了最佳环境，因为有时它甚至不允许最艰苦最累

人的劳动挣得最基本的生活必需品。它助长了群体之间的不平

等，给一些人带来了好处，也给另一些人设置了障碍。他认为，

在现有社会中，必须通过各种机构寻求对人类困境的补救：合

作工业协会可能会取代工资制度，改革后的所有权可能会取代

土地垄断，对继承权的限制可能会减少不平等的总体程度。在

国家的直接或间接推动下，许多新的尚未尝试过的经济控制手

段是可能的，也是必须采用的。

这些思想和其他相关思想让穆勒走上了通往自由和合作形

式社会主义的道路，就像早期费边主义者所倡导的那样，费边

社的确是建立在穆勒思想基础上的，并且乐于承认他们对穆勒

的借助。[17] 和他一样，费边主义者在社会主义中看到了民主理

想的经济方面，并认为只有保持民主，经济安排才是合理的。

然而，穆勒在社会主义道路上走了多远或希望走多远仍有疑

问，因为他仍然相信，在当代社会，私有财产和竞争原则是有

效生产的必要条件，也是物质进步所不可或缺的。

更准确的说法是，他是一个经验主义的集体主义者，而不

【17】 萧伯纳（Bernard Shaw）主编的《费边社会主义论文集》(*Fabian Essays in Socialism*, London: Walter Scott, 1899) 中有许多地方提到了穆勒。在这本书中，西德尼·韦布（Sidney Webb）特别向穆勒致敬（第58页）。西德尼和比阿特丽斯·韦布（Beatrice Webb）的《工业民主》(*Industrial Democracy*) 第二版 (London: Longmans, 1898)，也多次提到穆勒。

是社会主义者。因此,他顺应了时代和自己国家的潮流。在他看来,新的工业社会要求扩大政府议程。但他从未停止强调,在任何国家,政府的作用必须取决于其经济和社会的特殊需要。有些国家比其他国家需要更多的政府治理,尤其是在贫穷、不发达、缺乏培育私营企业的特殊态度和制度的情况下。穆勒在论述爱尔兰和印度时充分说明了这一点。例如,爱尔兰的主要问题是贫穷,这是世代的不良治理、严酷的阶级统治和土地管理严重不善造成的。补救办法必须是政府采取严厉措施确保农民所有权,在穆勒看来,这样做最能保护土壤,培养农民的远见、节俭、自我克制,以及其他物质进步和福利所需的坚实品质。没有任何其他激励措施可以比得上耕种者对土地的所有权。穆勒为确保实现这一目标而提出的必要措施,令当代的财产权维护者感到震惊和恼火,因为这些措施涉及与英国习俗格格不入的东西,即通过法律而非市场力量来控制租金。但在穆勒看来,爱尔兰不是英国,自由市场也不是僵化的教条。他反对将英国的惯例作为爱尔兰政策的准绳。爱尔兰的国情和土地状况决定了只有国家行动才能解决这些问题,为国家带来秩序和繁荣。

穆勒对未来社会变革的持续关注,使他知道欧洲大陆那些革命社会主义的倡导者,他们在1848年大批地出现,并成为资本主义和自由主义的敌人。穆勒既不赞同他们的理论,也不赞同他们的方法。无产阶级专政的概念,以武力来维护自己的主张,显然与他长久珍视的原则相冲突。他对工会会员、国际工人协会英国分会的前任秘书威廉·克雷默（William R. Cremer）说，只有两种情况可以证明暴力革命是正当的：一种是存在严重的个人压迫和痛苦；另一种是政府体制不允许通过和平和合法的手段解决不满。他认为这两种情况在英国都不存在。[18]我们可以推断，在真正宪政体制下的其他欧洲国家也是如此。在他思想的这一方面，没有任何含糊和不确定的地方。

在对克雷默发表评论五年后，穆勒对诺丁汉国际工人协会的秘书托马斯·史密斯（Thomas Smith）说，他非常欢迎协会的总体原则，尤其是协会接受了他自己长期以来追求的目标，如妇女的平等权利和保护少数群体。[19]但他强烈警告不要使用法国式的"革命"一词。对他来说，革命仅指通过武力实现政府更迭。他感到遗憾的是，该协会依赖于抽象模糊的法国政治语言。他说："这源于法国人的一种思想缺陷，这种缺陷是法兰西民族在追求自由和进步的过程中屡遭挫折的一个主要原因；这种缺陷就是被语词所迷惑，把抽象的东西当作现实……"他担心这些用词上的习惯和法国式的想法会产生不利影响：混淆问题，助长误解，把打着不同旗号的人当作"大革命"的朋友或敌人，而不考虑对所有人都有利且被所有人接受的具体措施的真正价值。在这些观点中，穆勒是自由主义的经验主义者，他反对在英国工人中建立革命意识形态的企图。他当时的呼吁

【18】《穆勒晚期信简3》，*CW*, XVI, 1248. 另见给 Georg Brandes 的信件，4 March, 1872, in *LL*, *CW*, XVII, 1874–5，其中讨论了第一国际（the First International）。

【19】《穆勒晚期信简4》，*CW*, XVII, 1910–12（4/10/72）.

无疑会得到大多数英国工人领袖的响应。[20]十九世纪三十年代和四十年代的政治骚动和社会动荡已经过去。到1867年，英国的熟练技工已经获得了选举权，与此同时，他们还忙于创建工会的严肃任务，以便成为强大的压力集团，促进其成员的物质利益。他们还帮助自由党在工人和中产阶级之间建立并维持了一座政治桥梁。在该世纪余下的时间里，深受福音派宗教影响的自由党工党联盟将主导工会发言人，对他们来说，穆勒的功利主义无疑比马克思和恩格斯发起的革命言论和复杂的阶级斗争策略更具吸引力。

穆勒的思想最终赢得了令人瞩目的地位。一个普遍且可接受的结论是，在维多利亚时代的英国，穆勒是自由主义最有影响力的代言人。没有其他人能写出这么多内容充实、可读性强的著作，而且一版再版，并由期刊和报纸上发表的文章补充，阐述了与自由主义哲学相协调的经济学和政治学的恰当原则。到十九世纪六十年代，他的权威达到了顶峰。[21]当时，他的著

【20】 Henry Collins 和 Chimen Abramsky，《卡尔·马克思与第一国际时代的英国工人运动》(*Karl Marx and the British Labour Movement Years of the First International*, London: Macmillan, 1965, 269) 引用了对穆勒的信的回应。另见 Lewis S. Feuer，"约翰·斯图亚特·穆勒与马克思主义"（"John Stuart Mill and Marxian Socialism"），*Journal of the History of Ideas*, X（1949），297–303.

【21】 当代的一份评价是由约翰·文森特（John Vincent）做出的，参见《1857—1868 年自由党的形成》(*The Formation of the Liberal Party*, 1857—1868, London: Constable, 1966)。关于穆勒对约翰·莫莱（John Morley）和当时其他主要自由主义者的显著影响，参见 Frances Wentworth Knickerbocker, *Free Minds*, *John Morley and His Friends*（Cambridge: Harvard Press, 1943）.

作吸引了广泛的读者，包括议员、大学中不断成长的新一代学生、城镇中对实际改革感兴趣的中产阶级，以及工人中的领袖和代言人。他并不是唯一的自由主义先知，许多读者都不同意他的观点。例如，《论自由》就引起了一片批评和赞美之声。然而，尽管它具有争议性的特点，但它在十九世纪的环境中大胆地重整了自由问题，从而为当代自由主义思想的彰明做出了巨大贡献。同时代的一位杰出的自由主义者写道，《论自由》"属于那种不可多得的罕见之书，不管遭受多少敌意的批评，它仍能在不觉之中让你再增高一尺"。【22】

　　这是一位忠实门徒的颂词，他的思想受到了穆勒的影响。不过许多二十世纪的读者仍然会赞同它。他们继续从《论自由》的信条中发现永恒的价值。他们几乎和约翰·莫莱（John Morley）一样珍视这本抗议公众意见绝对正确和多数派之傲慢 的书。他们接受穆勒对中央集权的不信任，钦佩他关于个人自由和自由国家的理想，尽管他们可能承认实现这些理想的难度有所增加。他们欢迎他的告诫，即自由和思想进步是无把握的脆弱的东西，需要不断培养。但他们也会强调，除了《论自由》，穆勒还表达了其他有价值的思想。在真正评价他作为社会思想家的价值时，必须将他的著作和讨论作为一个整体来考虑。其中有一个观点非常突出。他认为，政治思想和政治结构必须随着社会的变化而变化。在他看来，所有的制度安排都是

【22】 John Morley, *Recollections*（Toronto: Macmillan, 1971），I, 61.

暂时的。如果想象他活到了二十世纪，我们会相信他仍然忙于修正他的自由主义思想，以应对不断变化的环境和新的意见潮流。他仍将热衷于在个人主义和集体主义信念之间达成最可靠的平衡。当然，他仍将是理性主义者，坚信社会变革可以通过说服的艺术和一种简单的事实来实现，那就是人们能够从痛苦的经历中吸取教训。

论 自 由

约翰·斯图亚特·穆勒

本书所展开的每一个论证，都直接指向一个总体的首要原
则：人类最为丰富的多样性发展，有着绝对而根本的重要性。

　　　　　　　　　　——威廉·冯·洪堡：《政府的界限与责任》

怀着深深的爱意和哀痛的记念，我把这卷书献给 我的妻子——我的朋友，我所有优秀之作的启发者和共同作者——她对真理和正义的高超领悟是对我最有力的启发，她的嘉许是我最好的报酬。一如多年来我的所有著述，本书既是我的也是她的作品；但是，就本书的目前状况来说，已无法充分收到她的修改带来的不可估量的益处；许多至为紧要之处尚有待她更为细心地重新审定，只可惜这种助益再也无缘收到了。我宁愿做一个中间人，如果我有能力向世人传递出随她埋入墓穴的伟大思想和崇高情感的哪怕一半，都会让世人受到更大的益处，胜过我未经她那无双智慧启发和帮助所能写的任何东西。

////////////////////////

第一章

引论

这篇论文的主题，不是所谓的意志自由（即那个与被误称为"哲学必然性"的信条不巧恰相对立的东西），而是公民自由或曰社会自由，也就是社会所能合法施加于个人的权力的性质和限度。这个问题很少有人概括地说明过，甚至几乎从来没有人全面地讨论过，但是它却以潜在的方式深深影响着当代实际的争论，并且恐怕很快就会被认作是将来的重大问题。它远非什么新的问题，从某种意义上说，它几乎自远古以来就让人类有了分歧，不过随着人类比较文明的一部分进入到进步时代，它又在新的情况下呈现出来，而且要求人们给予不同且更为根本的解决。

自由与权威之间的斗争，在我们最早熟知的那部分历史中，特别是希腊、罗马和英国的历史中，就是最为显著的特征。但在过去，这一斗争发生在臣民或臣民中的某些阶层与政府之间。那时的自由指的是对政治统治者暴虐的防范。统治者被认为必然与其所统治的人民处于相敌对的位置（希腊的一些平民政府除外）。统治者不管是一个大权在握的个人，还是实际掌握统治权的某个部族或等级，其统治权威不管是得自继承，还是来自于征服，无论如何，其掌握权力不是出自被统治者的意愿。人们不敢甚至不想对统治者的至上权威提出异议，充其量只是采取各种措施来戒备暴政的实施而已。统治者的权力被认为是必要的，但也是高度危险的，因为作为武器它不仅可以用来抵御外敌，还会被用来对付其臣民。这就好比在一个群体中，为了保护更为弱小者免遭无数秃鹰捕食，有必要由一个比其余者都更强的鹰王受命进行统御。但是这个鹰王对群体的戕害实不亚于那些小一号的贪婪者，于是群体又不得不对鹰王的尖嘴利爪时刻加以提防。因此，爱国者的目标就是，为统治者应被容许施用于群体的权力设置某些限制，这种限制就是他们所谓的自由。可用的限权之法有两个。其一，让某些可称之为政治自由或政治权利的豁免权获得认可，统治者若侵犯这些自由或权利即被视为无道，一旦其真的有所侵犯，人们的个别抵制或普遍抗争就被认为是正当的。其二，且一般说来是比较晚近的做法，即宪政制衡的确立，使得统治权力某些重要措施的实施，要以得到群体或被认为是代表群体利益的某种团体的同意为必要条件。上述第一种限权方式，曾在多数欧洲国家里迫使统治权力或多或少有所屈服。第二种却未能如此；因而实现这一限制，或者在部分实现后求其更加彻底，成了各地热爱自由之士的主要目标。而且，只要人类还满足于以一个敌人来对抗另一个敌人，还满足于在保证或多或少能有效对抗其暴政的条件下接受一个主人的统治，人们就还没有超越于此的抱负。

但是，人类事务已进步到这样一个时代：人们对于统治者应该成为独立的权力而与人们自身利益相对立，已经不再认

218

为有本质上的必要了。如果能让国家的各级官吏成为人们的承租人或代理人，可以随他们的意愿而撤换，看起来要好得多。似乎只有用这种方式，他们才能获得完全的保障，使得政府权力永远不会被滥用而损害他们的利益。凡有平民政党存在的地方，这种选举短任统治者的新要求，都逐渐成为他们寻求的重要目标，并且在相当程度上取代了此前寻求限制统治者权力的努力。随着这种斗争（即统治权力要出自被统治者定期选择）的推进，一些人开始认为从前倒是过于重视限制权力本身的问题了。那（看来似乎）只是对付与被统治者利益常相违背的统治者的办法。现在需要的则是要求统治者与人民合为一体，统治者的利益和意志就应该是国民的利益和意志。国民无需防范自身的意志，无需担心它会向自身施虐。只要能切实让统治者对民意负责，可据民意及时撤换，国民就可以将能够自主行使的权力托付给他们。他们的权力即是国民自己的权力，只不过是经过集中并赋予了便于行使的形式罢了。这种想法，或毋宁说这种感觉，在上一代欧洲自由主义中相当普遍，至今在大陆的自由主义中仍然占据着显著优势。如今在大陆政治思想家中，除了他们认为某些政府根本不该存在外，那些主张对政府可做之事应加以限制的人可说是凤毛麟角了。在我们自己的国家中，如果一度催生过此种想法的情势始终未变的话，同样的论调也可能至今仍在盛行。

219

　　但是，政治理论和哲学理论，也跟人一样，常常因成功而把失败所能遮掩的错误和缺陷暴露出来。当平民政府还只是一个梦想，或者还只是作为见诸史书的远古遗事之时，无需限制人们施于自己的权力似乎就是不证自明的公理。即便是类似法国大革命中那些暂时的越轨行为也并没有根本动摇这一观念，那种情况最坏也就是少数僭越者的行为，并且那无论如何都不属于民主政体的常态运作，而是"民众反抗君主和贵族专制"的骤然而癫狂式的爆发。然而，当一个幅员广阔的民主共和国最终雄踞地表，并且被视为世界民族之林最强大的成员之一时，民选的责任政府作为一个重大的既存事实，就成为观察和批评的对象。人们开始察觉所谓的"自治政府"与"人民自我治理权"等名词并不能反映事情的真实状态。行使权力的"人民"和权力所施对象的人民并不总是同一的；所谓的"自治政府"也不是每个人自己治理自己的政府，而是每个人受所有其他人治理的政府。而且，人民的意志实际上只是人民中数量最多或最活跃的一部分人的意志，即所谓多数，或者不如说只是使他们自己成功地被接受为多数的那些人而已；结果就是，人们也会要求压迫总体中的一部分人。因而，对这种情形的防范，就如同对其他各种权力滥用的防范一样不可或缺。因此，即便是掌权者定期向群众，或更确切地说向群众中最强大的一派负责，限制政府施于个人的权力也丝毫没有丧失其重要性。这种观点，既投合了思想家的智慧，又符合欧洲社会中某些真正利益或假想利益都与民主政治相违的重要阶级的偏好，因而不难树立起来；在政治思想中，现在一般已把"多数者暴政"【*】看作是社会应该有所戒备的祸患之一了。

像其他暴政一样，多数者暴政之所以可怕，起初且一般仍然被认为，主要是因为它是通过公共权力的措施来施行的。但是深思之士已经察觉到，当社会本身就是暴君时，即当社会集体地凌驾于组成它的各别个体之上时，暴政的实施就并不限于借助政治机构之手而行的各种措施。社会能够并且确实在执行自己的命令，而如果它执行了错误而非正确的命令，或者对它根本不应干涉的事务发号施令，那么它便是实行了一种比其他各种政治压迫更为可怕的社会暴政，它虽然不常以严厉的惩罚为支撑，但却由于更深入地渗透到了人们生活的细节之中，甚至束缚了人们的心灵本身，从而使人们更加无法逃脱。因此，仅仅防范各级官府的暴政是不够的，还需防范优势意见和大众情感的暴政，即防范下述这样一种趋向：社会即便不用民事惩罚，也能有法将自己的观念和做法作为行为准则强加于异见者，束缚与自己不相一致的个性的发展，甚至有可能遏止其形成，从而使所有人都必须按照社会自身的模式来塑造自己。集体意见对于个人独立的合法干涉是有一个限度的。发现这一限度并维护其不受侵蚀，对于使人类事务进至良善之境来说，正像防范政治上的专制一样，是不可或缺的。

【*】 托克维尔：《论美国的民主》（*De la Démocratie en Amérique*），第2卷，第142页。——英文版编者注

虽然一般说来对这一主张自不会有多少争论，但是要将其付诸实践，则问题是究竟将这一界限设定在哪里，也就是如何在个人独立与社会控制之间做出恰当的调整，这是几乎一切留待解决的工作的主题。任何人之所以会觉得生存可贵，端赖他人行为已被施予一定约束。因此，首先必须要由法律规定一些行为准则，并且在那些尚不适合由法律规范的事情上，还要让社会舆论去裁夺。这些准则究竟应该是什么，是所有人类事务中最紧要的问题，但是除了一二最明显的事情，这也是人类在解决之途上最乏进展的问题之一。没有两个时代，也很少有两个国家对此有相同的规定，一个时代或国家的规定在另一个时代或国家看来也许会颇感诧异。可是任何一个特定时代与国家的人们，对此又好像从未觉得有何疑难，仿佛它是一个人类从来就见解一致的问题。人们把自身生活中通行的规则视为不证自明和理所当然。这种几近普遍的错觉，只是习俗神奇魔力的例证之一；习俗岂止如谚语所云是人之第二天性，简直一向就被错认为第一天性。至于防止人们对人类相互强加的行为准则发生任何疑问，习俗的效力可说是更加彻底，因为这是一个一般认为没有必要给出理由的问题，无论是一个人对另一人，还是一个人对他自己。人们习惯于相信，而且那些自比哲学家的人也鼓励人们相信，在这种性质的问题上，感情总是胜于理性，遂使一切理由变成多余。人们关于人类行为规范的意见，实际的指导原则乃是每个人心中都有的这样一种感情，即他和他的同道者希望人们怎么做，人人就该怎么做。的确，没有人肯坦承他的判断标准只是他的喜好；而对某种行为的意见如果没有理由做支撑，就只能视为个人的偏好；又如果理由仅仅是别人也有同样的偏好，也不过是以众人的喜好代替个人的喜好而已。但是，对于一个普通人来说，在道德、品味、礼节等他的宗教信条并没有直接表述的诸多方面，甚至在解释它们的主要指南上，他个人的偏好能得到众人相同偏好的支持，不仅是一个令人满意的完美理由，而且一般说来还是其唯一的理由。看来，人们有关毁誉褒贬的意见，不免要受到各种各样理由的影响，而且它们无非就是那些影响着人们对他人行为的意愿，以及同样多的决定着人们对其他任何事情意愿的各种理由。有时人们的理由（甚至有的时候不过就是他们的偏见或迷信）常常就是他们的社会情感，或那些并不罕见的反社会情感，诸如羡慕或嫉妒、傲慢或轻蔑等等；而最常见的则是人们自己的喜惧好恶——也就是其正当的或非正当的一己之利。无论哪一国家，只要存在着一个上流阶级，这个国家的道德原则大部分就会源自这一上流阶级的阶级利益和阶级优越感。如古代斯巴达人和希洛特农奴之间，今日种植园主与黑人奴隶之间，王侯与臣属之间，贵族与平民之间，乃至男女之间，其道德情操大部分都是这些阶级利益和优越感的产物。而且它一经生成，就会反过来影响上流阶级成员相互关系间的道德情感。另一方面，若是从前的上流阶级丧失了其支配地位，或支配地位不再受欢迎，风行的道德准则常常就会表现出对那种优越的无比反感。此外，关于法律或舆论所决定的行为准则，无论是许可还是禁止什么行为，还有一个重大的决定性原则，那就是人类对他们现世主人或所奉神祇意中好恶的屈从。这种屈从虽说本质上是自私的，但却不是虚伪的，它能生出某种绝对真实的憎恶之情，以致可以使人们去烧死术士和异端。在众多更为基础性的影响力量之中，普遍而明显的社会关切，在道德情操的走向上当然起着一份而且是很大一份的作用，但是这与其说是出于理性或社会关切自身，不如说是从中产生的同情或反感的结果，同情或反感对社会关切几乎没有什么影响，但在道德情操的确立上却有着十分重大的作用。

222　　社会的好恶，或社会中强势群体的好恶，就这样成为实际决定社会规则的主要依据；而这些规则要求人们普遍遵守，否则就要施以法律或舆论的惩罚。而且一般说来，那些在思想和感觉方面都走在社会前面的人，也未从原则上对这种情形提出批评，尽管在某些细节方面会和它发生冲突。他们更愿意过问社会的好恶应该是什么，而不去追问何以社会的好恶应该成为个人必须遵守的律条。他们宁可在自己就是异见者的某一具体点上尽力去改变人们的看法，而不愿联合所有异见者一道来捍卫自由。我们仅能从宗教信仰的事例中看到，各处都有绝非一二个别之士在原则上采取更高的立场，并维持其一以贯之。这种情形具有多方面启示意义，尤其是它再明显不过地说明了所谓是非感的易错性：因为对一个真诚的笃信者来说，对异教的憎恶是其道德情感中最不容含糊的。在不能容忍宗教观念的分歧上，最先起来冲破所谓"普世教会"的束缚的那些人，总的说来跟其所反对的教会毫无二致。但是当激烈的冲突平静下来之时，没有哪派取得完全胜利，各教会或宗派都退而寻求保持既有的领地；少数派鉴于自己没有机会成为多数，不得不转而请求他们无法改变的人们允许分歧。然而也仅仅是在这一斗争领域，个人反对社会的权利才在原则上理直气壮地得到宣扬，社会向异见者施以权威的要求也受到了公开辩驳。那些为世界争得宗教自由的伟大作家，大都主张良心自由是不可剥夺的权利，完全不承认一个人应该为其宗教信仰向他人负责。但是人类在自己真正关切的事情上不能容忍异见实是天性使然，因而宗教自由实际上很少在什么地方得到实现，除非把那些对宗教事务漠不关心，不喜欢无休止的宗教争端打扰其宁静的地方也算作在内。甚至在最宽容的国家里，在几乎所有信教者心中，承认宽容义务的同时都暗中有所保留。有的人可能会容忍对教会治理的不同意见，但却不能容忍对教义的不同看法；也有的人会宽容任何人，只要对方不是天主教徒或一神教徒；有的人能宽容相信天启信仰的每一个人；甚至有少数人有着更为广阔的宽容胸怀，但其范围却不出对上帝和天国的信仰。无论哪里，只要多数人的宗教情感仍是真切而强烈的，即会发现要求从众的呼声就不曾稍有减弱。

在英国，由于我们政治历史的独特情形，跟大多数其他欧洲国家相比，尽管舆论上的压力可能较大，法律上的束缚却相对较轻。人们一向相当嫉视立法和行政权力对个人行为的直接干涉。这倒不是出于对个人独立的合理尊重，而是出于一直延 223

续下来的习惯，视政府利益常与公众相反。多数人还没有学会把政府的权力视为自己的权力，把政府的意见视为自己的意见。一旦他们这样做，个人自由就将会受到政府的侵犯，就像其在公众舆论中已然的遭遇一样。但是，就目前来说，如果法律企图控制个人迄今为止还不习惯受法律控制的事情，则从人们的情感上将有相当多的人准备群起反对，而这并不是出于对事情是否属于法律合理控制范围的分辨。因此，人们的这种情感从总体上看固然十分有益，但在应用于特定事例时，错误运用与正确运用的几率几乎是一样的。实际上，关于政府何事当问何事不当问并没有一个公认的原则。人们只是根据个人喜好来决定。有些人无论何时看到一利当兴，又或一弊当革，便很自然地希望政府有所承揽；而有些人则宁可忍受几乎一切社会苦痛，也不愿意在要受政府控制的人类利益部门中，再增添一个新的项目。在任何特定的事情上，人们都会把自己归入这一派或那一派，或依据他们感情的一般倾向，或依据假设事情由政府来做他们可能的得益程度，或依据政府会不会以他们所喜欢的方式来做的推断，但极少是出于什么事情就适宜由政府去做的某种一以贯之的意见。在我看来，由于缺乏应有的规矩或原则，目前这一派与那一派都同样常常出现失误，对于政府干预，不是错误地请求，就是失当地谴责。

本文的目的即是要力主一条非常简明的原则，若社会以强迫和控制的方式干预个人事务，不论是采用法律惩罚的有形暴力还是利用公众舆论的道德压力，都要绝对遵守这条原则。该原则就是，人们若要干涉群体中任何个体的行动自由，无论干涉出自个人还是出自集体，其唯一正当的目的乃是保障自我不受伤害。反过来说，违背其意志而不失正当地施之于文明社会任何成员的权力，唯一的目的也仅仅是防止其伤害他人。他本人的利益，不论是身体的还是精神的，都不能成为对他施以强制的充分理由。不能因为这样做对他更好，或能让他更幸福，或依他人之见这样做更明智或更正确，就自认正当地强迫他做某事或禁止他做某事。如果是要对他进行告诫、规劝、说服乃至恳求，这些都可以作为很好的理由，但就是不能以此强迫他，甚或如果他不这样做就让他遭受不幸。要使强迫成为正当，必须认定他被要求禁止的行为会对他人产生伤害。任何人的行为，只有涉及他人的那一部分才必须要对社会负责。在仅仅关涉他自己的那一部分，他的独立性照理说来就是绝对的。对于他自己，对于其身体和心灵，个人就是最高主权者。

也许毋庸赘言，这一自由原理仅是为各项能力已臻成熟的人们而设的，并不适用于孩子，或法定男女成人年龄之下的年青人。对于那些还需由别人照顾的人来说，必须像防御外部伤害一样防范他们自己的行为。基于同样的理由，我们可以忽略那些其种族自身尚可被视为未成年的落后的社会状态。在人类自发进化的过程中，早先困难异常艰巨，因此人们对克服困难的手段几乎没有选择的余地，而由一个富有进取精神的统治者，使用某些权宜之计去实现不如此也许就不能实现的目标，就是合情合理的。对治理野蛮人来说，只要目的是为了改善他们的状况，而且所用手段也已由实际结果证明是正确的，那么专制就是合理的政府模式。只要人类还处在这种落后状态，没有能力通过自由平等的讨论取得进步，自由作为一项原则就无从应用。在此之前，如果有幸遇到阿克巴或查理曼式的君主，人们唯一能做的就是绝对服从。但是，一俟人类已经有能力通过说服或劝告来引导人们自行改善（我们这里需要关注的所有民族都早已达到这一阶段），为了人们自己的好处而采取强制的办法，无论是使用直接的形式还是对不服从加以刑罚，就不再是可接受的了，除非是为了他人的安全才可以视为是正当的。

应当说明的是，对于任何与功利完全无关的抽象权利概念，即便其有利于我的论点，我也一概弃而未用。因为我把功利视为一切伦理问题的最终归宿。但这里的功利是最广义上的，是基于作为不断进步之物的人的长远利益而言的。我所力辩的是，仅当每个人的行为事关他人利害时，这种利益才有权要求个人的自主性服从外部控制。如果一个人做了伤害他人之事，显然就有初步的理由让他受到法律的惩罚，或在还不太适于由法律惩罚时诉诸舆论的谴责。也有很多有益于他人的积极行动，可以正当地强制推行，诸如出庭做证，为共同防御外敌或他托庇于其中的社会所必需的其他任何联合行动公平分担义务；某些对个人有益的事也可以强制推行，诸如挽救同胞生命、挺身保护无力自卫的人不受虐待，等等；这些事情无论何时显然都是一个人有义务去做的，如果他没有做，社会就可以理直气壮地要求他负责。一个人不仅可能因有所行动引起对他人的伤害，也会因不行动而有同样的结果，对这两种情况他都应当对他所造成的伤害负责。不过，对于后者施行强制应比对前者更须谨慎。一个人因做了伤害别人的事而被要求必须负责，这是规则，而因没能防止伤害而要其负责，相对来说就是例外。因为尚有许多足够明显和足够重大的事由证明例外是正当的。在个人与外部发生关系的所有事情上，从法理来说，他都应该对与之有利害关系的那些人负责，并且如有必要，还要对作为他们保护者的社会负责。也常常有很好的理由可以免除个人的责任，但是必须是出自具体事件上的便利之计：或是因为这类事情如果用社会权力所拥有的任何控制方式来控制，反倒不如让他自行谋划大体上会更好；或是若试图施加控制，可能产生的恶果会比所要防止的还要大。当一个人因这些理由而免除了责任之时，个人的良心就须坐上空缺的裁判席，保护缺乏外部保障的他人利益不受侵害；而良心对自己的审判要更加严格，因为这种情形下无法要求他对同胞的裁判负责。

但是在某个行动范围之内，区别于个人而言的社会在其间仅有（即使真有的话）间接的利害关系；在这一范围内，全部的个人生活和行为仅对他自己产生影响，即便影响了他人，也仅仅是因为他们自由自愿且不受欺骗地同意和参与了。我这里说的仅只影响他自己，指的是直接的和最初的[*]：因为若说起来，任何影响自己的事情都可能会通过自己影响他人；那样的话凡基于这种意外之果的反对意见最终就都需加以考虑了。因而，这一范围就是人类自由的适当范围。它包括如下几个方面。首先是人类内在的意识领域的自由：它要求最广义的良心自由，思想和情感自由，对举凡实践、思想、科学、道德、宗教等所有事物的意见和态度的绝对自由。发表和出版意见的自由可能看起来应归于不同的原则，因为它属于个人行为关涉他人的那一部分；但是因为发表出版与思想本身几乎同等重要，并且所依据的理由又大都相同，所以实际上是无法将它们分开的。第二，这一原则要求品味和志趣自由：自由地根据自己的特性规划生活，做自己喜欢做的事并愿意承受一切可能的后果；只要我们的行为不伤及他人就不应受人们干涉，即使在他人看来我们所行是愚蠢的、乖张的或错误的。第三，由个人自由可以推出在同样限制内的个人联合的自由：人们可以在不伤害他人的任何目的下自由联合，但参加联合的人必须是成年人，并且不受强迫和欺骗。

大体说来，如果一个社会不尊重这些自由，无论其政体形式是什么，都不能算是自由的；又如果这些自由不能绝对无条件地存在，社会也不能算是完全自由的。唯一名副其实的自由，是以我们自己的方式追求我们自身之善的自由，只要我们没有

【*】 意即非派生的。——译者注

企图剥夺别人的这种自由，也不去阻止他们追求自由的努力。对于无论身体、思想还是精神的健康，每个人都是他自己最好的监护人。对比被强迫按照他人以为善的方式生活，人们彼此容忍在自己认为善的方式下生活，人类将获得更大的益处。

尽管这一原理并非什么新的东西，而且对一些人来说还可能有些老生常谈的味道，但是还没有任何其他信条，比它跟当前舆论和实践的普遍趋向更直接相反了。社会一直尽其所能地企图（按照它的见解）强迫人们遵从它对于个人完善的定义，正如它强令人们认同它对社会完善的定义一样。古代的共和国认为自己有权通过政府当局对一切个人行为实行管理，并且古代的哲学家也都同意政府这样做，理由是每个公民个体的整个身体和智力训练都跟国家有着深刻的利害关系。对于一个强敌环伺的小共和国，以其一直处于被外敌攻击和内部混乱颠覆的危险，甚至干劲和自制的短暂放松都可能致命的缘故，无暇等待恒久有益的自由之效生成，这种思想倒还可以接受。在现代世界，政治共同体的规模扩大，尤其是精神权威与世俗权威的分离（把对人的良心事务的管理交给了有别于那些控制世俗事务的力量），防止了通过法律如此大规模地干涉私人生活的细节。但是道德压迫的机器却更为有力地阻止着在事关个人的事务上与正统观念发生偏离，甚至比它在社会问题上还要严重。宗教这一对道德情操的形成起着最重要作用的力量，几乎不是一直被教阶集团企图控制人们一切行为的野心所操控，就是被清教主义的精神所操控。而且，一些在反对旧教中起着最重要

227

作用的现代改革者，他们对精神统治权利的强调一点也不比某些教会和教派差。尤其是孔德，在他的《实证政治体系》一书中，主张建立一种社会凌驾于个人之上的专制社会系统（尽管更多是通过道德而非法律手段），已经超出了古代哲学家中最严酷的纪律主义者所能设想的任何政治理想。

除了某些个别思想家的特别论调，世界上也大量出现了一种日益增长的倾向，即通过舆论的力量甚至立法的手段，使社会权力向个人不当拓展。并且因为世界上正在发生的所有转变的趋势，都加强了社会的权力而削弱了个人的力量，这种侵蚀已经不是一种可以自然消失的祸害，相反增长得越来越难以对付了。不论作为统治者还是作为公民同胞，人类想把自己的意见和偏好强加给他人作为行为准则的倾向，都受到了人性中所难免的一些最好和最坏情感的有力支持，所以除非力量不够它几乎不受任何限制；并且因为社会权力不是在衰退而是在增长，除非在人们的道德信念方面树立起一道有力屏障，来阻止这一危害，否则在目前的世界情势下，我们只能看着它继续增长下去。

为了便于论述，我们先不立即进入一般的主题，而是首先只就其中一个分支加以论证，以表明这里所陈述的原则如果不是全部，也可以在某一点上被通行的观念认可。这一分支就是思想自由，以及不可能从中分离出来的同源的言论和写作自由。尽管这些自由，在那些承认宗教宽容和自由政体的所有国家里，已经在相当程度上成为政治道德的一部分，但支撑它们的哲学和实践依据，可能并不像我们所期望的，为一般人的思想所尽为熟悉，甚至为一些意见领袖所彻底理解。这些依据，只要能予正确理解，就可以得到比单单用于此一分支更为广泛的应用；并且对问题这一部分的彻底考察，也将是对后文最好的引导。对某些人来说，我所要讲的可能毫无新奇，因此，请原谅我在这个三百年来一直探讨不断的主题上斗胆再来论辩一番。

//

第二章

论思想言论自由

正如人们所希望的，如今这个时代，对于出版自由作为防范 腐败或暴虐政府的有效手段之一，已没有任何为之辩护的必要了。可以这样说，如果一个立法或行政机关，不与民众利益相一致，而欲将意见指示给民众，并且规定哪些见解或言论才是允许人们听到的，其势不可行，肯定是无需争辩而后已了。再者，前辈作家对这一问题多有论辩并且已使之如此成功推进，所以这里更无需再做特别强调了。虽然英国关于出版的法律，直到今天仍像都铎时代一样不自由，但除非偶因一时恐慌，大臣和法官们害怕叛乱以致惊慌失措，它几乎没有实际用来反对政治讨论的危险；[1]

【1】 正当这些文字几乎快要写完之时，1858年的《政府出版检举条例》恰好出台了，就好像故意要跟我唱一个有力的反调一样。但是，这种对公众言论自由的失当干涉，并不能让我更动正文的任何一个字，也不能根本削弱我的信念：除了短暂的恐慌时期，对政治言论施以痛苦和惩罚的时代在我们国家已成过去。因为，首先，这一条例并没有被坚持下来，其次，确切地说，它们从未被用于政治检举。已被检举的罪行并不是对制度、对统治者行为或人身的批评，而是对诛杀暴君之合法性这一被认为是不道德的信条的传播。

如果要使本章所做的论证仍然保持有效的话，那么作为一个道德信念问题，任何信条，无论其可能会被视为如何不道德，都应该具有表达和讨论的完全自由。因此，无论诛杀暴君的信条是否应该受该条例管辖，都跟本章论题无关，也不适合在这里考察。对我来说，只要指明以下几点就可以了：这个题目在所有时代一直都是开放的道德话题之一；公民个人去杀死一个把自己置于法律之上以致任何法律的惩罚或控制对其都已无效的罪犯，一向都被整个民族以及某些最贤德最睿智之士视为美德之举，而不是一项犯罪；并且，无论对错，它并不属于暗杀性质，而是内战性质。因此，我认为，只有在特定情况下，煽动教唆这一做法可被适当地施以惩罚，即当煽动之后紧跟的是公然的行动，并且至少在行动和煽惑之间可以建立起可能的关联的情况下。尽管如此，只有受到攻击的政府自身，出于自卫，才能合法地惩罚那些直接颠覆其存在的攻击行为，而不能由外国政府代劳。

229　而且一般说来，在立宪国家，无论政府是否对人民负全责，都不必过虑它会经常对意见表达施加控制，除非它使自己作为代表一般公众不复宽容的机构，才敢这样去做。因此，让我们相信，政府跟人民已是完全合一的，并且除非它认为是出于人民的意思，否则就不会动用任何强迫的权力。但我所要反对的却正是人们施加此种强迫的权利（right），无论它是由人们自己还是由他们的政府来实行。这种权力本身就是不合法的。最好的政府也不比最坏的政府更有资格这样做。以符合公众意见来使用强迫，跟违反公众意见来使用它同样是有害的，甚或是更有害的。即使整个人类，除一人之外，都持有一种意见，而只有那一人持有相反的意见，人类也没有更好的理由不让那个人说话，正如那个人一旦大权在握，也没有理由不让人类说话一样。如果一项意见只是一件个人财产，除持有者外对别人毫无价值，那么即便剥夺对它的享用只是一桩个人伤害，而所伤者或众或寡犹有不同。但是禁止一种意见的表达，其独有的罪恶之处在于，它是对包括当代人与后代人在内的全人类的剥夺；并且这种剥夺对那些不同意这种意见的人，比对持有这种意见的人甚至更大。如果被禁止的意见是正确的，那么人们便被剥夺了以正确矫正错误的机会；如果它是错误的，那么人们便损失了几乎同样大的益处，因为经过真理与谬误的碰撞，会让人们对真理有更清晰的体会和更生动的印象。

有必要对这两个各自对应着不同论据的论点分别予以考察：一是我们永远不能确定我们所竭力要禁绝的意见是错误的；二

是即便我们可以确定其错误，禁绝它仍为过错。

*　　*　　*

首先来看第一种情况：权威企图压制的意见有可能是正确的。当然欲压制它的那些人不承认它的正确性，但他们不可能绝对不错。他们无权为全人类决断是非，也无权排除所有其他人的判断方式。因为他们确定一个意见是错误的，就拒绝听取，这就是把他们的确定性等同于绝对的确定性了。任何对自由讨论的压制都是认定了自己绝对不会出错。或许基于这一普通理由，且并不因为普通就算不上好的一个理由，就可以判定这种做法的过错。

不幸的是，以人类的自知之明而言，他们远没有把自己易错的事实，像理论上一直可以的那样运用到实际判断中去。人人都深知自己是可能犯错的，却很少有人认为有必要为自己的易错性留出预防的余地，或者愿意接受假定自己所深以为然的某一意见，可能就是他们所承认的易为犯错的事情之一。专制君主或习惯于让人无限服从的人，在几乎所有事情上都会对自己的意见表现得如此自大。一般人倒是更为幸运，他们能不时听到不同于己的意见，犯了错也愿意不时有人来纠正，然而人们在自己的意见上，却无时不仰赖于周围之人或自己素所敬服之人的共同认可：这正是因为人们对自己单独的判断缺乏自信，因而就常常毫不犹疑地求助于所谓"世界"通行的绝对正确性。对每个个体来说，所谓世界不外乎他与之有密切往来的那一部分人：不出其党、其派、其教以及其社会等级；能将这

230

一范围扩大到自身所属国家和所处时代的人，相对而言可称是开明或大度了。这种对集体权威的信赖，未曾因其意识到异代、异国、异党、异派、异教和异等社会阶级有过或仍有正好相反的看法，而根本有所动摇。他把站在正确一边反对异己世界的责任全都揽到自己的世界上了；殊不知决定他在这无数世界中选中某一信赖对象的仅仅是一个偶然，同样的因由，能使他在伦敦成为教士，也能使他在北京成为一个释者或一名儒士。然而有一点是自明的，也正像无数证据所表明的，时代并不比个人更少犯错误；每个时代都有很多意见被后世视为错误甚至荒谬，现在通行的很多确定不移的意见，也将被后世所抛弃，正如一度通行的意见被现在所抛弃一样。

这一论点可能会招致如下方式的反驳。禁止散布错误，跟公共权力依据自己的判断和责任所做的其他任何事情一样，并没有过分地自认绝不出错。人被赋予判断之能，就是要使之得以应用。岂能以判断可能被误用，就告知人们根本不该使用？禁止人们认为有害的事情，并未声称根绝错误，而是在履行人们义不容辞的义务，虽明知判断可能有误，也要本着自己的良心去行事。如果我们因害怕会出错，就从不依照自己的意见行动，那我们岂不是要漠视一切自身利害，废弃一切自身义务？一个针对所有行为泛泛而论的反对理由，肯定不能有效地用以反对任何具体的特定行为。政府和个人有义务形成他们能够慎重形成的最正确的意见，并且在对正确性有十足的把握之前绝不施之于人。但是当人们确知自己正确无误（这些推论者会这样说），却因为过去不甚开明的时代曾经压制的一些意见如今已经成为人们所信奉的真理，便害怕不前，竟从自己的意见上退缩，允许他们打心底认为会危害人类福祉的信条在今世或后世不受限制地传播，这并非良心之举，而是怯懦的表现。也许有人会说，让我们慎之再慎，不要再犯同样的错误；但是政府和国家在其他事情上所犯错误多矣，而人们并不因此就否认其适合执掌权威：即便他们曾经横征暴敛、穷兵黩武，我们岂可因此就禁止收税或者无论面对任何挑衅都不准征伐？人们和政府都必须尽其所能而行事。虽然世间没有绝对确定性这种东西，但有足以满足人类现世生活目的的把握。因而，我们可以而且必须认定，我们的意见能正确地指导自己的行为；当我们禁止坏人通过传播我们认为错误和有害的意见来败坏社会，并没有过分地认定绝对无误。

我的回答是，这恰恰是更加过分地认定了自己绝对无误。因为，认定某一意见正确乃是因它在一切与之竞争的场合中都未被驳倒，与认定它正确乃是因它不容反驳，这两者之间有着天壤之别。对我们所持的意见，给予反驳与质难的完全自由，是我们有理由为了行动的目的而认定它正确的先决条件，而且除此而外，在人类智能所及的范围内，没有任何东西能够作为正确性的理性保证。

如果我们看一看人类意见或一般生活行为的历史，何以这两者并未日趋败坏？当然不能归之于人类理解力中固有的力量：因为，对于任何不能一见即明的事物，一百个人中倒有九十九个完全不能予以辨别判断，而只有一人能之，且仅有的这一人，其判断能力也只是相对比较而言的；还有，历史上大多数盛名之士所持的诸多意见现在已被知悉为错误，他们曾做过或赞成的很多事情现在也已没人会认为正当。那么，为什么总体上人类的意见言行还是理性者占多数呢？如果真的存在这种多数优势——我想除非人类事务处于且一直处于一种几近绝望的状态，否则这一多数优势必定存在——那是因为人类心智具有一种特质，且无论作为智识存在还是道德存在的人类，其一切值得尊敬之处都源出于此，那就是人们的错误是可以改正的。人有能力通过讨论和经验修正自己的错误。而且仅靠经验是不够的，必须要经过讨论，指出经验的意义。错误的意见和做法逐步屈从于事实与论证，但是要使事实与论证对人们心智产生影响，就必须让它们来至近前。除非对事实加以评论以显示其含义，否则事实自己不会说话。由此看来，人类判断的全部力量和价值有赖于其以正确来校正错误的特性，而它之所以可资依赖，又仅在于改正之法常不离左右。为什么某些人的判断真正值得信赖，那是如何做到的呢？这是因为他一直放开别人对其意见和行为的批评；因为他一直习惯倾听所有反对他的意见，从其中一切正确的东西里吸取益处，并向自己，必要时向他人解释错误之为错误的所在；因为他一直觉得人类要想对某一主题求得整体认识，唯一的办法就是倾听人们对之说出各种各样的意见，学习各色思维对之做出的一切观察方式。除此而外，任何智者都无法获得他的智慧，并且以人类理解力的本

232

性来说，除此之外也无法使之渐趋聪慧。通过吸收他人意见中正确的东西来改正和完善自己意见的坚定习惯，非但不致在用之实际时引起怀疑混乱与无所适从，反而是唯一能使其真正值得信赖的坚固基础。因为，他已经知悉一切能够（至少是明显地）给出的反对他的意见，并且从他的立场上对所有反驳者给予了回应，也就是说他已经主动寻求了反驳与质难，而不是绕开它们，并且只要有一丝光亮可以投射到这一主题之上，不问其来自哪个方向，都不曾予以遮挡。所以凭借这些，他有权认为他的判断优于未经类似过程检验的其他任何个人或群体的判断。

既然人类中那些最有资格相信自己判断的明哲之士，尚有必要依此才敢确保自己正确，那么混杂多数愚众和少数智者而形成的所谓公众，就更须依此去检验了，这并非什么过分的要求。即便是教会中号称最不宽容的罗马天主教会，在追封圣徒时都要准许和耐心倾听"魔鬼辩护人"[*]的反调。虽然候选者生前表现得至为圣洁，如果未经遍听攻讦之语而后做出权衡，也不允许给予死后的哀荣。纵然是牛顿哲学，如果当时摒绝一切质难的话，人们对它的真理性就不会像今天这样完全信服。我们要想确保某一信条至为正确无误，除了长期延请整个世界来求证其诬枉之外，别无任何保证可以依赖。如果不接受这些

【*】 devil's advocate，非指真正献身魔鬼者，而是指故意吹毛求疵的人，在追封圣徒时，罗马天主教会委派专职人员竭尽全力地挖掘受封候选人是否有任何瑕疵从而不配得到圣徒的荣誉，这名调查人员就叫 devil's advocate。——译者注

挑战，或者虽接受而失败，那我们就不敢说已经确定无误。不过如果我们已经在人类理性迄今所能允许的状态内尽了最大努力，对任何接近真理的机会都未曾忽略，那么只要言路一直保持开放，我们就可以指望，如有更确之真理存在，一俟人类心智有能力接受，它就会被发现；同时，我们也大可相信，我们已经在今天这个时代所允许的范围内，获得了这条接近真理的路径。这就是作为常犯错误的人类所能获得的确定性的全部，并且是我们能获致确定性的唯一途径。

233　　奇怪的是，人们可以承认关于言论自由论证的正确性，但却反对将其"推向极端"；他们不明白，如不能确定这一推理在极端情况下仍然有效，就不能确定它在任何情况下都为有效。他们虽愿意承认有必要在所有那些可能存在疑问的题目上开放言论自由，却认为某些特定原则或信条，因其如此确定，或更确切地说，因他们确信它如此确定，必须禁止质疑，当此之时，他们居然还在想象自己并没有妄自认定绝对不错。对于任何命题，如果禁止了本来应该允许的对其确定性的反驳，还敢称其为确定不移，那就是认定我们自己和我们的同道者可以作为确定性的裁判，并且是可以不听取另一方意见的裁判。

　　在如今这个被称为"缺乏信仰却又惧怕怀疑"[*]的时代，

【*】　语出托马斯·卡莱尔：《司各特生平传》，载《伦敦和威斯敏斯特评论》，卷6暨卷28（卷号如此写是因为这个刊物是由两个刊物合并的，卷6是针对《伦敦评论》而言，卷28是针对《威斯敏斯特评论》而言），1838年1月，第315页。——英文版编者注

人们确信某一意见，与其说是根据这一意见本身的正确性，不如说是因为没有它他们就会无所适从；断言某一意见不应受到公众的攻击，不是基于其正确性，而是基于它对社会的重要性。人们声称，某些确定不移的理念对人类的幸福至为有用，甚至可以说是必不可少，因而维护这些理念，就像保护任何其他社会利益一样，同为政府的责任。在那些既如此必要又直接属于政府责任的问题上，人们主张，某些事情虽非绝对不错，但只要已得到大众意见的首肯，就可以授权政府甚至强迫政府按照他们的意见去做。也常有人这样辩解，更常有人这样认为，除了坏人没人想要破坏这些有益的信念；并且他们认为，约束坏人，禁止只有坏人才想要去做的事，也肯定不会有错。这种思维方式，将限制言论的正当理由放在了所要讨论的信条是否有用上，而它是否正确则不成其为问题了；并且因其不用再声称自己所持意见是某种绝对不错的判断而窃窃私喜。但是这些自鸣得意的人没有意识到，他们只不过是将绝对不错的假定从一个点转移到了另一个点而已。一个意见是否有用的说法本身就是一个意见：其可质疑、可讨论并需要讨论的地方，正跟这一意见自身同样多。除非被非难的意见已有充分的机会为自己辩护，否则确定一个意见有害，正如确定它是错误的一样，同样需要一个绝对不会出错的意见裁判人。再者，对一个持有异见的人，一边禁止他坚持其意见的正确性，一边又允许他坚持其意见的有用性或无害性，也是说不过去的。一个意见的正确性就是其有用性的一部分。如果我们想知道某一主张是否值得

信任，却要排除对其是否正确的考虑，这可能吗？世间没有有

234 违正确却反倒有用的道理，这可不是坏人而是圣人的意见；试
问，若有人被告知某一信条有用，他自己却心知其误而拒绝予
以承认，当他因此被判定有罪时，你能阻止他使用上述辩解为
自己开脱吗？其实，那些站在公认正确意见一边的人，从未放
弃对这一辩解的一切可能的利用；你会发现他们不可能将对有
用性问题的处理从正确性中完全抽离出来。相反，恰恰因为首
先确信他们的信条是"真理"，他们才将关于它的知识或信念
视为不可或缺。既然这个如此重要的论据只可为一方而不能为
另一方使用，那么关于有用性问题的讨论肯定就是不公平的。
而且，实际上，当法律或大众情感不允许对某一意见的正确性
有所争辩的时候，它们同样不会容忍对其有用性的否定。他们
所能允许的至多不过是，降低一点对其绝对必要性的强调，或
减轻一点否弃它可能招致的实际罪罚。

对于某些意见，因我们自己的判断裁定其错误就拒绝倾
听，为了更充分说明这种做法的危害性，看来有必要把讨论诉
诸具体的案例；而且最好我首先选择那些最不利于我的例子，
在这些例子中，反对言论自由的论点，无论是从正确性上还是
从有用性上来说都被视为是最强有力的。让我把受非难的意见
定位在关于上帝和天国的信仰，或任何普遍公认的道德信条。
在这样一个战场上论战，对于论辩双方来说显然并非是同等公
平的，因为我的选择已经给了对手极大的优势；他无疑会说
（很多并不奢望不公平论战的人也会在心里说），难道你认为这

些信条还不足以确定应该纳入到法律保护之下吗？难道你坚持认为，对上帝虔诚的信仰也是妄言了绝对不错的意见之一吗？但是，必须允许我说明，我所说的妄言绝对不错，指的并不是对某一信条（随便什么信条）确定无疑的感觉，而是以之替他人判定是非，并且不允许他人听到从相反的一面所能给出的意见。即便其所持信条为我所最为敬服，我也要对这种自命不凡进行非难和斥责。然而，即使能确定任何人都可被说服，某一意见不光虚假而且有害，甚至不光有害而且是不道德和不敬神的（这正是我所极力谴责的用词），就在推行这一个人判断时，阻止人们听到对那个意见的辩护，那么即便他的这一做法得到了他所在国家和所处时代的公众意见的支持，他仍然是妄自认定绝对不错。这种臆断非但不会因将被拒之意见视为悖德渎神就不值得反驳或更少危险，而恰恰是所有情形中危害最大的。正是在这些场合，一代人所犯下的那些可怕错误，让后代人深为惊惧骇怖。我们可以发现历史上有很多这类令人难忘的事情，当其时，法律的威力竟被用来铲除最贤哲的好人和最高尚的学说；但更为可悲的是，虽然他们的有些学说成功地幸存下来，但却（好像反讽似的）被用来为同样的行为辩护，据以铲除那些对它们或它们的公认解释持不同看法的异见者。

有一件事，也许无论多少次向人们提醒都不嫌其过：从前一个名叫苏格拉底的人，跟他那个时代的司法当局和公众意见发生了令人难忘的冲突。苏格拉底生于一个俊彦迭出的时代和国度，依照对他个人和那个时代深为熟稔之人所流传下来的说法，他可称是当时最为正直的人；而我们也知道他是后世所有美德之师的表率和典型，他的博大思想同时启发了柏拉图和亚里士多德，这两位"智者的大师"，[*]分别发展出了精深高妙的灵感论和审思明辨的功利论，成为后世道德哲学以及其他一切哲学的两股源流。这个为有史以来一切杰出思想家所公认的宗师——两千多年后，他的声名仍随着时间的流逝而愈加彰显，几乎盖过了其他所有为他的城邦带来荣耀的有名之士——却被国人经过审判后以不敬神和不道德的罪名处以死刑。所谓不敬神，是指否弃这个国家所信奉的神；甚至他的控告人声称，苏格拉底根本不信任何神（见柏拉图对话录之《申辩篇》）。所谓不道德，是指用他的思想和教导"腐蚀青年"。有理由相信，在这些指控面前，法官确是真诚地认为他有罪，于是把这个可称是人类有史以来最好的人当作罪犯处死了。让我们把眼光移到与苏格拉底之判决相比唯一不至相形见绌的另一桩不义审判，那就是一千八百多年前发生在加尔瓦略[†]的事件。凡目睹过其生活、聆听过其言谈之人，都对耶稣道德的宏阔伟岸留下了深刻印象，此后十八个世纪以来人们都把他敬奉为万能上帝的化身。但是他却背负亵渎神灵的罪名被不光彩地处死了。人们非但错待了他们的恩人，而且误解之处与他的

【*】 i maëstri di color che sanno，意大利语，出自但丁《神曲·地狱》第四章第131行，但丁原文为单数 il maestro di color sanno，只用来指称亚里士多德，穆勒在这里改为复数，共同指称柏拉图和亚里士多德。——译者注

【†】 Calvary，髑髅地，即各各他，耶稣被钉死之地。——译者注

为人恰恰相反，竟把他当作亵渎神灵的怪物来对待，而现在他们自己则因如此对待恩主而又被认作是亵渎神灵了。虽然，人们现在认为这些事情很可悲，尤其是后者，但若以这种看法来评价那些不幸的历史角色，则是非常不公平的。从其所有的表现看，那些人并非坏人，他们非但不比一般人更坏，毋宁说是更好；他们拥有那个时代和人民所具有的全部宗教的、道德的与爱国的情感，甚至比那还要多，他们正是这样一种人，在包括我们自己时代在内的所有时代中，都有可能无可指摘与受人钦敬地度过一生。当那位大祭司[*]听到耶稣发出在其国人的一切观念之下足以构成最严重罪行的言词而气得撕裂袍服时，他完全可能是在真诚地表达他的憎恶与愤怒，正如今日虔诚可敬的人们在其宗教和道德情操中所表现出来的品性一样。人们现在多半会对他的行为感到战栗惊悸，但假使今天的人们处于那个时代且生而为犹太人，则所行可能跟他完全一致。正统基督教徒总倾向认为，当时投石处死那第一批殉道者的一定是比他们自己更坏之人，他们应当记住的是，那迫害者之中就有圣保罗。[†]

　　让我们再举一例，这个例子最令人触目惊心之处在于，其人所犯错误之昭著与他所具有的智慧和美德恰成反照。如果曾经有一个人，既掌握权柄，又有理由认为自己是他那个时代最

―――――

【*】指主审耶稣的该亚法，参见《新约·马太福音》26:65。——英文版编者注
【†】参见《新约·使徒行传》7:58—8:4。——英文版编者注

为高尚与最为开明之人，那就非古罗马皇帝马可·奥勒留莫属了。身为整个文明世界的专制君主，终其一生，他不仅保持了无懈可击的公正，而且更为难得的是，他虽然浸淫于斯多葛学派的教养，但却保持了最为柔软的心肠。他身上仅有的少数缺点也都属过于宽纵之类；而他的著作，作为古代思想世界最高的道德产物，如果说与最典型的基督教义还有差异的话，也只是几乎难以察觉的差异。这个人，如果不从教条的字面意思来说，比后来几乎任何一个表面上尊奉基督的君主都更像基督徒，但却恰恰是他迫害了基督教。他身处前此一切人类成就的巅峰，又具有开放不羁的智力，而且他的品质足以引导他自己通过其道德著作体现出基督徒的理想，但他却出于深入内心的责任感而未能看到基督教对世界有益而无害。他知道当时的社会处在一个可悲的境地。但是，他看到或者他认为他看到，这个社会仍然通过对公认之神的信仰和尊奉而联结在一起，避免了走向更坏的境地。作为人类的统治者，他认为他有责任不使社会陷入分裂；并且他看不到一旦现存的纽带被解除，还有任何其他替代物可以将社会重新联结在一起。现在，一个新的宗教公然以解除这些纽带为目标，因此，除非接受这一新的宗教乃是他的义务，否则他的责任看来就是将之取缔。由于那时基督教信仰在他看来并不正确或不是源于神启；由于神被钉死在十字架上的怪异历史在他看来殊不可信，而对一个完全建立于他认为根本难以置信的基础之上的信仰体系，他肯定预料不到其竟能在历经一切阻遏之后，以事实证明它完全可以作为革故鼎新的工具。最终，这位最仁慈最和蔼的哲学家皇帝，在严肃的责任感驱使之下，下令镇压了基督教。在我看来，这是全部历史上最具悲剧性的事件之一。如果基督教的信仰是在马可·奥勒留皇帝而不是君士坦丁的支持下，被作为帝国的宗教接受下来，世间的基督教将会是多么不同啊，这是一个让人颇感痛苦的想法。但是，任何一条我们今天可用来惩罚反基督教主义的理由，在马可·奥勒留惩罚基督教传播的借口中都可以找到，若拒绝承认这一点，对他便是有失公允，也与事实并不相符。基督徒坚定地相信无神论是错误的，认为它将导致社会解体，马可·奥勒留同样相信基督教会带来如此这般的社会后果；而他还可算是所有同时代人中最有能力理解基督教的呢。因此，任何支持惩罚某种意见传播的人，除非能毫无愧色地说自己比马可·奥勒留更圣明、更贤德——更深通时代的智慧、其智力更高于时代智慧之上，对真理的追求更诚挚热切，或一旦真理出现更一心地献身于它，否则就该力戒将自己认为的绝对不错与大众同样的情绪结合起来，正像伟大的安东尼[*]带来如此不幸结果的所作所为那样。

　　既然找不到任何理由可以证明马可·安东尼所作所为是正当的，也就意味着要为使用惩罚手段限制无神论观点而辩护是不可能的。迫不得已，敌视信仰自由的人有时候就会把这一结

***

【＊】 即马可·奥勒留，其全名为Marcus Aurelius Antoninus。——译者注

果接受下来，并且援引约翰生博士说，迫害基督教的人仍然是正确的。[*] 迫害是真理应该经受而且总是能成功通过的考验，法律的惩罚终将无力反对真理，何况有时还会因抑制了有害的错误而带来有益的效果。这是为宗教压迫辩护的又一种形式，应该引起十分的注意，而不应轻易放行。

对于这种因迫害没能对真理造成任何伤害，就坚持认为迫害真理仍算有理的理论，我们固然不能斥之为对接受新真理怀有故意的敌意，但是，如此对待嘉惠人类的恩主，实在很难说是宽厚。对于这个世界来说，有人揭示那些与之深切相关但从前却一无所知的事物，证明人们在某些世俗利益或精神利益的关键点上一直存在错误，这是人类所能给予同胞的最重要的帮助，并且在某些情况下，就像早期基督徒和宗教改革者的情形，约翰生博士的同道者也相信它们是能够奉献给人类的最宝贵的礼物。但是，这些功德无量的施惠者得到的报答竟然是以身殉道，还居然被当作罪大恶极的犯人来对待，而且根据这种说法，这还不算是可悲的错误和不幸，值得人们懊悔不已地去哀悼，反而是事物正常与合理的状态。根据这一学说，新真理的提出者应该处在——就像他已经处在的——洛克里亚立法者的位置上，新法律的提案人要在颈

【*】　参见詹姆斯·博斯韦尔（James Boswell）所著的《约翰生传》[*The Life of Samuel Johnson*, Vol. II, p. 250（7 May, 1773），cf. Vol. IV, p. 12（1780）]。——英文版编者注；塞缪尔·约翰生（Samuel Johnson, 1709—1784），英国文学史上最重要的评论家、诗人、散文家、传记家和词典编纂家，其编纂的《英语词典》对英语发展做出了重大贡献。——译者注

项上套上套索，如果公民大会在听了他的理由后没有当场采纳他的主张，就立即拉紧套索绞死他。[*] 为这样对待施惠者辩护的人，肯定不能指望他会多么承认所受益的价值；并且我相信，对这一问题持有此种观点的那些人，大都认为那些新真理或许曾经值得拥有，但现在已经多得足显其平常无用了。

但是，确切地说，真理总是能战胜迫害的说法，只是一种美丽的谎言，人们彼此津津乐道，直至最终成为陈腔滥调，但一切经验都与之恰好相反。真理被迫害扑灭的例子史不绝书。其纵使不被遏绝，也动辄被推后数百年不止。仅就宗教观念来说：先路德而进行宗教改革者不下二十余辈，但是都被镇压了。布雷西亚的阿诺德被镇压了。多尔奇诺修士被镇压了。萨伏那洛拉被镇压了。阿尔比派被镇压了。韦尔多派被镇压了。罗拉德派被镇压了。胡斯派被镇压了。甚至在路德之后，无论何地只要坚持迫害，都能取得成功。在西班牙、意大利、佛兰德斯、奥地利帝国，新教被根除；在英格兰，如果玛丽女王还活着或者伊丽莎白女王已死，情况也可能非常相像。除非异端已成为非常强大的力量以至于无法全然迫害，迫害总是能够取得成功。没有一个有理性的人会怀疑基督教曾差点在罗马帝国灭绝。其之所以能得以传播并最终成为主流，仅仅因为迫害是间歇性的，迫害虽一直存在但每次时间都较短，中间有长时段

【*】 参见德摩斯梯尼：《驳提摩克拉底》。——英文版编者注

的间隔，使其几乎未受干扰地得以传布。认为真理仅仅凭其为真理，就天然具有谬误所没有的力量，能够战胜地牢与火刑，乃是一种空洞无凭的侥幸心理。人们对于真理的热情并不一定就强过谬误，法律或社会惩罚的多次运用，总是能成功地阻止无论真理还是谬误的传播。真理的真正优势在于，如果一项意见是真理，它虽可能被扑灭一次、两次以至多次，然而在悠悠岁月之中，总会有人重新发现它，直到有一天它的重现恰值一个有利的环境，成功地逃脱了压迫，再到它经受住了随后所有镇压它的企图而大步前进。

有人会说，我们现在再不会将新意见的提议者处以极刑了；我们不会像先人那样杀死先知，我们甚至还为他们建造了墓冢。的确，我们不再扑杀异端了，即便是对那些最可憎的意见，对其施以现代舆论能予容忍的惩罚的数量，也不足以令之根绝。但是，我们还不能沾沾自喜地认为我们已经完全脱离了法律迫害的污点。对意见的惩罚，或至少是对其表达的惩罚，在法律上仍然存在；即便在如今这个时代，也不是再无实施的先例，让这种迫害哪一天会卷土重来显得有多么不可思议。1857年，在康沃尔郡夏季巡回法庭，一个不幸的人[2]，据说其一生中所作所为都无可指摘，但却被判处二十一个月的徒刑，只因为他说了一些冒犯基督教的言词并在门上写了下来。同年

【2】 托马斯·普利（Thomas Pooley），博德明法院（Bodmin Assizes），1857年7月31日。同年12月，他得到了王室特赦。

同月，在老贝利中央刑事法庭（Old Bailey），两个人分别在不同的场合被拒绝充任陪审员[3]，而且其中一人还受到了法官和一名律师的粗暴羞辱，只因为他们坦承没有宗教信仰；另有一个外国人[4]，因为同样的原因，不能为自己被盗而主张正义。如此拒绝伸张正义，竟是基于法律信条做出的，在这一法律观念之下，如果不声明自己信仰上帝（或任何神也可以）或彼岸世界，任何人都不允许在审判法庭上做证。这就等于说这些人身处法律之外，不受法庭的保护；不仅他们可以被掠夺或袭击而施害者不受惩罚——如果只有他们或跟他们意见一致的人在场的话；而且任何其他人也可以被掠夺或袭击而施害者不受惩罚——假如事实的证明有赖于那些不信神者做证的话。该信条基于这样一个假设，即不信彼岸世界之人所发的誓言毫无价值。这个说法表明赞成它的人对历史多么无知（因为一切时代都有无数不信教者为杰出的义人信士，乃为千真万确的历史事实）；而且只要人们稍稍意识到，有多少以道德和成就而享誉世界的人，都是众所周知或至少是其熟识者所深知的无信仰者，就不会再坚持这一看法。此外，

240

这一规则是自杀性的，它铲掉了自己的基础。在无神论者必定说谎的假设之下，它认可了所有愿意谎称信神的无神论者

【3】 乔治·雅各布·霍利约克（George Jacob Holyoake），1857年8月17日；爱德华·特鲁洛夫（Edward Truelove），1857年7月。

【4】 格莱兴男爵（Baron de Gleichen），莫尔伯勒街警备法庭（Marlborough-street Police Court），1857年8月4日。

的证词，反倒拒绝了那些敢冒天下之大不韪公开坦承信奉一个令人嫌恶的信条，也不愿说谎的正直者。这样一条与其声称之目的如此自相矛盾的荒唐规则，只能作为仇恨的标志和宗教迫害的遗产而被保留，而且这就是迫害本身，其独有的特点在于，招致迫害的资格恰恰证明受迫害者不应该遭受它。这一规则及其背后的理论，对信仰者的侮辱一点也不比对不信者少。因为如果说一个人不相信彼岸，就必然说谎，那说明那些信的人假如真的避免了说谎，也仅仅是因对地狱的恐惧阻止了其说谎而已。我们真不愿意以伤人的恶意揣测，这些规则的创始者和鼓吹者用以形成基督教美德的观念，就出于他们自己这样的觉悟。

的确，这只是宗教迫害的荡漾余波，与其说它是人们意欲施行迫害的标志，不如说只是英国人头脑中常有的弱点，他们心知旧说之谬，自己不能坏到非要欲其实行，嘴上却硬是坚持，以取得荒谬可笑的心理满足。不幸之处在于，虽然更坏形式的法律迫害已经中断约一代人之久，但是在这样的大众思维状态之下，很难保证它继续停顿下去。如今这个时代，日常状态的平静表面，不独被追求新利益的想法所搅动，还常常被意欲恢复旧日邪恶的企图激起波澜。目前自吹自擂的宗教复兴之说，在心胸狭隘而无教养者心里，至少也同样是偏执信仰的复活；人们情感中不宽容的强劲而持久的酵母，一直都存在于这个国家的中等阶级之中，只需一点点鼓动，就能让他们积极去迫害那些他们一直都没有停止认为是恰当的迫害对象的人。[5] 正是这一点，即人们对不认可他们自认重要之信仰的那些人，所抱持的意见和态度，使这个国家还称不上是一个精神自由的国度。在过去很长一段时间里，法律惩罚的主要错误在于它加强了这种社会诟病（social stigma，或译社会污名，意同）的作用。正是这一十分有效的社会诟病，使得在英国敢于挑战社会禁令而发表意见，竟比在许多其他国家冒法律惩罚的危险而发表意见更为少见。除了那些自身经济状况可以使他们独立于他人善意之外的人，对于其他所有人来说，在这个问题上公众舆论像法律一样有效，因为一个人因发表意见而被排挤得无以谋生，无异于被关进大牢。对于那些衣食无忧，且并不稀罕从各级权势者、各种群体或公众那里博取任何好处之人，可以无所畏惧地公开表达任何观点，纵使因之被误

【5】 在近日印度兵（Sepoy）暴乱这件事上，铺天盖地的迫害激情，已经与我们民族性格中最坏部分的全面展现结合在了一起，人们可以从中得到足够的警示。教堂讲坛上狂热者或僭越者的叫嚣当然不值得关注，但是已有福音派教会首领宣布他们对印度教徒和伊斯兰教徒的统治原则：学校如果不宣讲《圣经》，就不给予公帑的支持，并且想当然的，除非是真正的或伪装的基督徒，否则不能被授予公职。据报道，一位副国务大臣，在1857年11月12日向他的选民演讲时讲过，"不列颠政府宽容他们的信仰"（不列颠亿万臣民的信仰），"宽容他们自称为宗教的迷信，已经阻碍了英国名誉的上升，妨碍了基督教的健康成长……宽容当然是这个国家宗教自由的伟大基石，但是请不要让他们滥用宝贵的宽容一词。照他的理解，宽容意指在具有同样崇拜基础的基督徒之中，大家都有完全的崇拜自由，意指具有同一信仰中介的基督教内部所有教派和教会之间的宽容"（见《泰晤士报》1857年11月14日第4版）。我希望大家注意这样一个事实，在自由派内阁执掌的这个国家政府下，一个被认为适合充任高级公职的人，竟然会坚持这样的信条，即凡不信基督为神的人都应排除在宽容范围之外。一个人在看了这一低能的表演之后，还会耽于宗教迫害已经一去不返的幻想吗？

解被诟病，却也并不需要多么了不起的英雄气概才能承受。这里不是为这些人博取同情的地方。然而，即便我们现在不再像从前所习惯的那样，对那些跟我们思想不同的人强加如许多的痛苦，可我们对自身所犯下的罪恶，也许正跟从前那样对待异议者时一样多了。苏格拉底被处死了，但是苏格拉底的哲学如日中天，它的光辉照遍整个人类智慧的苍穹。基督徒曾被投身狮吻，但基督教的教堂长得如枝繁叶茂的参天大树，高耸于比之更古老但却毫无生气的物种之上，并且以其遮天之荫令它们窒息。因而，我们仅有的这种社会不宽容，并没有杀死一个人，也没有根除各种意见，只不过会促使人掩饰自己的意见，或者令其不敢努力去积极传布而已。对我们来说，每经一个年代或世代，都有异端思想未能显见地赢得进展，乃至根本失去地盘；它们从未能够燎原万里，只是在好学深思的倡说者的小圈子里文火不断，无法以其或真或谬的光芒照耀人类的一般事务。

于是，事物被保持在让一些人非常满意的状态，因为不用再令人不快地去处罚与关押任何人，就能使一切盛行意见表面上不被干扰，而它也并没有绝对阻止那些患有思想癖的人运用自己的理性。这对于保持思想世界之平静，令一切事物沿着万世不易之轨道运行，倒是一个便利的方案。但是我们为此智识世界的太平景象付出的代价，却是人类心灵中道德勇气的全部牺牲。在这样的状态下，多数最积极最热爱钻研的智者总是将自己信念的一般原则和根据深藏于心，当其向公众讲说之时，总是试图尽可能地使自己的结论符合那些他们内心中早已放弃的前提；如此状态绝对不会产生出，那种曾经装点过人类思想世界的坦荡无畏的勇者以及严谨无欺的智者。在这样一种状态下，人们所能看到的，不是些庸见的附会者，就是些真理的趋时者，他们对所有问题的论证都是为了取悦听众，而不是自己深所信服的东西。那些不愿趋时附会的人，则通过窄化他们的思想和兴趣，只论说那些不致犯险触及原则领域的东西，也就是说将话题缩小到琐碎的实践问题上；而只要人类的心智得到增强和扩展，这些问题就能够自我纠正，反之则无从有效纠正。然而，正是那些能够增强和扩展人类心智的东西，即对最深奥的主题进行自由和勇敢的探索，被放弃了。

那些视异端一方保持此种缄默没有任何坏处的人，首先应该想想，它的结果是使异端意见永远得不到公平和彻底的讨论；并且那些本来经不起这种讨论的异端思想，虽可被阻止传播，然而却绝不会消失。而且，禁止一切不能归结为正统结论的探讨，受到最严重损害的并不是异端者的心灵，而恰恰是那些并非异端的人，他们整个精神发展受到了限制，他们的理性被对异端的恐惧吓住了。众多大有前途的聪慧之士，仅因谨小慎微，就不敢沿着独立的思路勇敢前行，害怕使自己身陷被人指责为悖德渎神的境地；可是有谁能够计算世界因此遭受了多大损失呢？我们每每会从中发现有些极富良心且思力精微者，用尽毕生之力，与自己所不愿沉默的智慧相周旋，并竭尽机巧，试图使自己良心理性的指向与正统观念调和一致，但也许直到最后都徒劳无功。而思想家的首要义务乃是跟随自己的理性而不管它会得出何种结论，任何不承认这一点的人，一定不会成为伟大的思想家。甚至，一个敢于自己思考的人，经过应有的研究和准备，虽所得的结果为错，对比那些不敢自己思考的人只知持守的正确意见，其对于增进真理的贡献还要更多些。并非仅仅为了或主要为了养成伟大的思想家，才需要思想自由。相反，为了让普通人能够获致他们所能达到的精神高度，思想自由同样甚至更为必不可少。在普遍的精神奴役氛围中，已经出现过甚或还会再出现个别伟大的思想家。但是，那种氛围从未也绝不会产生出智力活跃的民族。若某一民族一时接近此种特征，必是因对异端思想的恐惧得以暂时收束。只要哪里还存在原则问题不容争辩的默契，只要哪里事关人生最切要问题的讨论被认为已经结束，我们就肯定不能指望在那里发现普遍而高度的精神活跃，像如此令人神往的某些历史时期曾达到的那样。只有公开的论辩涉及的都是足以点燃人们激情的重大主题，才会在根本上激发人们的心灵，且激发出来的动力足以提升智力最一般者进至作为能够思想的人类的高贵之境。对此，考诸欧洲历史，有三个时期的情形可以作证：一是紧接宗教改革之后时期的欧洲状况；二是十八世纪后半叶的思想运动（尽管只限于欧洲大陆和智识阶级）；三是歌德和费希特时代德国更为短暂的智识躁动。这三个时期发展出来的具体观念有着广泛的差异；但是相同的一点是，三者全都挣脱了权威的枷锁。在每一个时期，旧的精神专制已被摧毁，且新的精神专制还未生成。欧洲所以成为今日之欧洲，正为这三个时代所推动。此后无论人类

243

精神世界还是制度方面所发生的每一步改进，其动力皆可显见地追溯到它们其中之一。时至今日，许多外在迹象表明，三个时代所激发出来的动力，殆已用尽；我们若不再度力主精神自由，就无从指望新的进步发生。

＊　＊　＊

下面让我们转入论证的第二部分。这回我们先把任何公认意见都有可能错误的假设搁置一旁，而是假设它们皆为正确，然后再来考查一下，如果其真确性不容自由且公开地讨论便径直加以主张，这种做法究竟有何价值。一个持有强烈信念的人，不论多么不情愿承认他的意见可能有错，只要想一想，无论多么正确的意见，如果不能时常经受充分且无所畏惧的讨论，它都只能作为僵死的教条而不是鲜活的真理而被持有，他都应该有所动容。

有一班人（幸而不像从前那样多了）认为，一个人只要毫不怀疑地赞同他们认为正确的意见就足够了，尽管他对此意见所据之理由毫无所知，甚至不能为反驳最肤浅的异议提供哪怕一条站得住脚的辩护。这样的人，一旦自权威方面得到某种信条，就想当然地认为，允许对其提出质疑只会有害无益。只要他们得势，就几乎不可能允许对公认意见提出明智而审思式的反驳，从而使它受到的反对只可能是鲁莽而无知式的；因为完全钳制一切议论毕竟不大可能，当议论一旦出现，未能真正深入人心的信念就会在论辩的只言片语面前轻而易举地屈服。不过，即便抛开这种可能性不提，而假设真理能常驻心中而不

244

倒，但却是以一项成见、一项不靠论证且不准论证的信念而深踞其间的，这也不应该是具有理性的人类持守真理的方式。这算不上是懂得真理。如此被持守的真理，毋宁说只是一个迷信，只不过碰巧撞上了能宣示真理的字句而已。

如果人类的理解力和判断力应该得到培育（这至少是新教徒并不否认之事），那么除了在那些因切身相关而令其有必要主张某种意见的事物上，还有什么更适合一个人来培养这些能力呢？如果说某件事比另一件事更有助于培养理解力的话，那它肯定是弄清楚自己各种意见的依据。人们不论信奉什么，所信是否正确都是最为首要的问题，因而在这些主题上，人们起码应该能够在最一般的反驳面前为其提供辩护。然而有人会说："人们一旦有什么意见，将他们意见的依据教给他们就可以了。何必非得说只有听到争论才算理解，否则必是鹦鹉学舌呢。比如学习几何，学者不独记下了各种定理，而且懂得和熟悉论证；如果因为他们未曾听到任何人否定并试图推翻这些定理，就说他们仍是对几何真理的根据懵然无知，这未免有些荒唐了吧？"毫无疑问，对于数学这类题目，根本无需论及错误的一方，这种说法确实足够了。数学真理之证明的独特性在于，所有论据都在正确一方手里。不存在反对意见，也无需对反驳予以答复。但是在每一个可能具有不同意见的主题上，真理必有赖于两组相互冲突的理由的公平较量。即便在自然哲学中，对于同一事实也一直存在着一些不同的解释，如天文学上有以地心说代替日心说的，物理学上有以燃素说代替氧气说的；必须让那些另类学说为什么不能成其为真理得到说明；并且除非它得到说明，而我们也知道它是如何被说明的，我们才算是真正理解了自己意见的根据。但是当我们转向那些远为复杂的主题，转到诸如道德、宗教、政治、社会关系以及民生日用等问题上，为每一个有争议的意见所做的论证，大部分都在于为排除对异议一方有利的现象。古代最雄辩的演说家西塞罗（抛开一人即德摩斯梯尼不算）自称，他在研究对手情况上所下的功夫，即使说不上更大，起码也和把握己方情况的力度一样大。西塞罗在公开辩论中用以取胜的这种办法，值得一切为了获知真理而研究任何主题的人效法。对于某一事物，若有人仅了解自己一方，则他对此事物可说是知之甚少。其虽持之有故、言之成理，甚至好像坚不可摧，但是如果对他来说，相反一方的理由也同样牢不可破，甚至他连对方的理由是什么都不知道，那他身处两种意见之间，必然找不到一个如何选择的根据。对他来说，理性的态度应该是暂时搁置判断，除非他满足于此，否则他就要么依从权威，要么像一般世人所做的那样，根据自己情感之所偏爱接受其中某一方。而且，仅仅满足于从自己的老师那里听到反方论点也是不够的，那些反论必然都在老师的意料之中，并且在转述的同时已经附带上了他们的反驳之辞。那不是公平对待反方论点的方式，也无法以自己的心灵与之实现真正的接触。他聆听的对象，必须是确实相信那些论点、真诚为其辩护，并为其竭尽一切所能之人。他所了解的反方论证，必须是以极尽能言善辩的形式出现的，必须让他感觉到关于该主题的正确意见所不得不遭遇且必须要战胜的困难的全部压力，否则他永远不能真正掌握足以应对并解决那一困难的真理。百分之九十九的所谓受过教育者都处于这种偏信偏听状态，甚至那些能够为自己的意见滔滔雄辩者亦不例外。他们的结论也许正确，但是他们的任何所知也许都是错的：他们从未设身处地地想想，那些不同意他们意见的人会怎么说；因此，若依"知"字的任何严格意义来讲，他们可说是并不知自己所宣称的道理。他们不知道该道理可以用来解释并证明其余部分成立的那一部分；他们不知道有些重要的缘由，可以证明两个似乎彼此冲突的事实实则是相通的，或者可以表明在两个看来都很有力的理由面前，为什么要选择这个而不是那个。总之，对于所有可以扭转局面、决定一个全面理解者之判断的那部分真理，他们都是陌生的；而除非不偏不倚地倾听了双方的意见，并对它们各自之理由都洞烛幽微，否则就不可能真正懂得此点。要想对道德和人文主题真正有所理解，这是一条最基本的纪律，因而在一切重要真理上，如果暂时还没有反对者，也有必要设想一个，并为之提供巧舌如簧的魔鬼辩护人所能想出的最有力的辩护。

246　　　为了削弱上述分辩的力量，言论自由的敌视者可能会说，为自己观点提供正反两方面的证明，那是哲学家和神学家的事，对一般人来说，没有必要让他们知道并理解所有理由。让普通人都能去揭露能言善辩的反对者的一切妄言谬语，实是无此必要。只要总有某些人能够对之予以回应，使任何可能误导未受教化者的东西都得到驳斥，就足够了。至于心思质朴者，只要将其被谆谆教诲的真理的明显依据教给他们，剩下的让他们信赖权威就是了；而且他们既然意识到自己对可能遇到的难题，既无释疑之智，又无解惑之才，而又相信反正有那些为此受过专门训练的人，已为其解答或能为其解答所有已遇之难题，就大可酣然安卧了。

虽然人们信奉某种真理，都理应对之有所理解，但即便我做出最大让步，姑且承认那种"认为对所奉真理不必人人都需彻底理解"的观点，也未能丝毫削弱言论自由的理由。因为，即便是这种说法，也承认了人类应当拥有一个理性的保证，即所有的反对意见都已被圆满地答复。如果要求答复的东西已被禁止，又何从答起呢？又如果反对意见根本没有机会表明已做之答复不能令其满意之处，又何以知道它是令人满意的呢？对于那些难题，即便不是公众，也至少是要去解决它们的哲学家和神学家所必须熟悉的，而且要熟悉它们最令人困惑的形式；而要做到这一点，必须让反对意见得以自由表达，并将其置于它们所容许的最有利的理解之下不可。天主教对此种令人困扰的问题有其自己的处理方式。它将人大体分为僧俗两类，一类被允许通过真心服膺接受其教义，另一类则对所接受的教义只能信任而不可一探究竟。诚然，二者在所能接受的教义上都不允许有任何选择；但是，至少对那些能得到充分信任的教士，可以允许并鼓励他们去熟悉异端的论证，以便能够对之做出回应，并且为此之故，可以阅读异端的书籍；而普通信徒，除非得到特别许可，否则很难获得这种机会。这项教规已承认了对于敌手情况的了解有益于宣道者，只是又想出与此并行的办法，将世界上其他人拒之门外：这样一来，尽管给精英分子的精神自由不比给大众的更多，但却给了其更多的精神栽培。通过这一办法，天主教成功地取得了其意图所需的精神优越性；因为非自由的精神栽培固然无从养成博大而开阔的心胸，但却大可造就出聪明的照本宣科的（nisi prius）[*]宗教辩护人。但是在信奉新教的国家里，则已经抛弃了这一办法。因为至少在理论上，新教徒主张，选择何种信仰的责任必须落到每个人自己头上，而不能推诿到牧师身上。此外，在当前的世界情形下，要想将受教化者所能读到的书籍对未受教化者封禁，实际上也是不可能的。如果人类的教化者要想知晓一切他们应该知道的事物，就必须让一切都可以自由言说与自由出版而不受限制。

不过，也许有人认为，当公认意见为真时，缺乏言论自由的危害之处，只不过是令人们不知道那些意见的依据而已，即便这不利于智力的发展，但却绝没有道德上的危害，也无损于那些意见影响道德人心的价值。但是，事实却是，自由讨论的缺失，不仅使意见的依据被人遗忘，就连意见本身的意思也常常被人抛诸脑后了。表达意见的词句，已不再能够让人想起它的意思，或者仅能提示其原本用来传达的意思的一小部分。清晰的概念和鲜活的信仰不见了，剩下的仅仅是几句死记硬背下

【＊】 nisi prius，拉丁语，法律用语，意为"除非事先确定，否则不予受理"；这里取其引申义，指对事先已有确定答案之问题的辩护。——译者注

来的陈言腐语；或者其意幸而有所保存，也仅剩皮毛而已，其精华则早已亡失尽去。此类事实充斥于人类历史的大量篇章，不可不深究与熟思。

几乎一切道德学说和宗教信条的经历，都可以说明这一点。在它们的首倡者以及得到首倡者亲传的弟子那里，其意思与活力都是繁富而充沛的。只要为使这些学说信条超越其他信条的奋争还在持续，其意思就能以未曾稍减的强度被感觉到，甚至还可能会得到阐扬而被更充分地理解。最终，它们或者得以盛行并且成为普遍意见，或者前进之势已竭，只能保持既得领地，而无力继续拓展。无论上述哪种结果变得显见之时，有关那一主题的争论都会衰落下来，并渐趋消失。当此之时，这种已经取得一席之地的信条，即便没能成为公认的意见，也会成为公认意见所承认的一派或一支；而信守者对其大体上也只是得自传承，而非真正领悟；至于令这些信条做由此向彼的转变，如今已成为绝无仅有的例外之事，即便是这些信条的宣教者，也未尝稍稍劳神对之有所思考。起初那种时刻准备着不是反击世人的诘难，就是竭力劝服世人向其靠拢的势头不见了。而今人们已经退而不闻不问了，对于那些反对其信条的种种论点，只要其势不足为恤，就充耳不闻，而且也不打算以有利的论据为自己辩护而去烦扰那些异见者（即使真有异见者）。从这时起，就通常是那一信条活力衰落的开始。我们时常听到各种信仰的宣道者都在哀叹，让那些号称皈依者在头脑中保持对真理的生动理解，使真理能深入内心而真正支配行为，真是太难了。可是，当这些教义还在为自己的生存而奋争之时，从不会有这种困难要抱怨；那时，即便是较弱的战斗者也知道他们在为何而战，并能觉察到它与别种教义的分歧所在；同时，在每种教义的上升期内，也总会发现有绝非少数人曾以各种思想方式领会其基本原则，衡量和考虑过其一切重要意义，并体验过其对道德品性的充分影响，那正是对该教义的信仰在一个完全受到其洗礼的心灵中应当产生的效果。但是，一旦信仰已变成一个仅靠传承的教条，而且并非主动而是被动接受，也就是当心灵再也不像当初那样被迫以其全部力量来应对因信仰而来的各种问题时，就会出现一种愈演愈烈的趋势，使人除形式以外忘掉所信的一切，或只给予其漫不经心的赞同，仿佛既经信任而接受了它，就无须再从意识上去领悟或通过亲身体验去检验一番；直到它变得与人类的内心生活几乎完全没有联系为止。于是，就出现了当今世界经常可以看到乃至形成多数的一种情形：信仰仿佛总是在心灵之外，结成硬壳并使心灵僵化，以抵挡一切诉诸人性中更高尚部分的其他影响；它不能容忍任何新鲜而生动的信念进入，以此来展现它的力量，但它自身除把门放哨致令心灵空虚之外，对人的意识或心灵可说是毫无用处。

那些原本最能深入人心的义理，却因为言论自由的缺乏，只能作为僵死的教条而保留下来，人们根本不能通过想象、情感或理智对其有所领会，这种情况竟至于达到什么程度，可以通过多数信仰者对基督教教义的持守方式的例子来说明。我这里所说的基督教教义，指的是可被所有教会与教派认可的那些教义，即出自《新约》的箴言和训示。这些教义被所有基督徒看成是神圣的，乃至被接受为律条。但要说一千个基督徒中，都难得有一个以那些律条为参照来指导或检验其个人行为，也几乎不为过。他用以参照的标准只是其所属国家、所属阶级或宗教仪典沿袭下来的惯例而已。于是，一方面，他拥有一大堆相信是圣灵赐予他的道德训示，作为自我管理的规则；另一方面，他又有一套日常的见解和做法，它们在某种程度上能够与上述某些训示相合，与另一些则不尽相合，甚至与某些直接相反，而整体说来，这套东西只能算是基督教教义与世俗生活的利益和见解相调和的产物。对前一套标准，他表示尊崇；对后一套标准，则真正奉行。所有的基督徒都相信：上帝所赐福的乃是穷人、贱人和遭世人恶待之人；富人要进入天国比骆驼穿过针眼还要困难；不可评断别人，免得被别人评断；不可以指神发誓；要像爱自己那样爱邻人；如果有人拿走你的上衣，就连大衣也给他；不可为明天忧虑；若要做完人，就应变卖一切自己所有去分给穷人。[*]当他们声言相信这些东西的时候，未必就是不真诚的。他们确实相信，这就如同人们听到总是受赞颂而未闻有所争论的东西，就信之不疑一样。但如从活的信仰要调整人的行为这个意义来说，他们信奉这些教义只不过是求其经常对己有用而已。整个教义被用来打击敌人；更不用说（如有可能就会）被抬出来，当作人们做他们认为值得赞美的任

249

【*】 参见《新约》之《路加福音》《马太福音》等相关章节。——译者注

何事的理由。但若有人站出来提醒他们，这些训示要求他们去做连想都未曾想过的无穷之事，则提醒者只能被他们归入那种爱显示自己比别人高明而非常不受欢迎的人之列。因而，那些教义不曾真正掌握普通信众——未能成为他们内心的一种力量。他们有的只是对经文音声字符习惯性的尊敬，而从未想过要将之延至其义所指，令心灵接纳它们，使内心领悟与行为模式合乎一致。一旦涉及行为，他们就到处寻找甲先生或乙先生，指示他们该在什么限度内服从基督的训示。

现在我们完全可以确信，在早期基督徒那里，情况并不如此，而是截然相反。如果真是那样，基督教根本不可能从被人轻贱的希伯来人的一个无名教派，发展成罗马帝国的国教。当时，连他们的敌人都说，"看那些基督徒彼此是多么相亲相爱啊"[*]（现在不太可能有人会做如此评价了），则可知他们对自己的教义有着更为切身的体会，为后世深所不及。或许主要就是这个原因，使得基督教如今在扩展自己的领地上毫无进展，甚至在历经十八个世纪之后，几乎仍然局限于欧洲人及其后裔中间。即便是那些跟普通人相比，对教义更为热诚，对其意思也理解得更多的严修恪守之士，他们头脑中比较活跃的那部分教义，一般说来也仅仅是如加尔文或诺克斯，或品性上与他们非常相近的人所创的理论。基督的训示只是被动地并存于他们心中，除了仅仅因听了那些词句而感到亲切柔和之外，几乎不

【*】　见德尔图良（Tertullian）：《护教篇》（*Apology*）。——英文版编者注

能产生任何影响。为什么作为某一宗标志的教义，要比一切公认教派所共有的那些教义能够保持更多的活力，并且为什么宣道者要更不辞劳苦去保持其意思不致衰退，这其中无疑有很多原因；但有一个原因则是确定的，即这一标新立异的教义引发了更多的质疑，从而不得不更经常地为自己辩护以反对公开的反驳者。等到战场上已没了敌手，则无论教师或生徒，就都在自己的位置上睡大觉了。

　　一般说来，对于一切传统信条，无论是那些关于人生智慧和知识的，还是关于道德或宗教的，上述道理都同样有效。所有语言和文献典籍都充斥着关于生活的一般见解，既指明各种道理之所在，又说明个人该如何立身处世。这些见解为人人所习知，人人所熟道，或听之而未置异辞，都把它们当作不言而喻的道理。但大多数人只有在经历亲身体验，而且一般是吃了苦头而应验于自身之时，才开始真正明白这些道理的意思。不知有多少次，人们在经历了未曾料到的挫折或不幸之后，才恍然记起那些有生以来一直熟知的格言警句或古训俗谚，如果之前他们就能像现在这样明了其意思，何至于遭此不幸呢。固然有其他实在原因，令人对很多道理非亲身经历不能领会其全部意思，不一定都是言论不自由的缘故。但是，即便是对于这些道理，如果一直能听到那些能予理解之人从正反两面进行争辩，人们也会更多地理解其中的意思，且已经理解的那部分也会在他们心中留下远为深刻的印象。一旦某种事物不再存有疑问，人类就会放弃对它的思考，这种不幸倾向是人类所犯错误的半数原因所在。一位当代作家曾说到"定论必酣睡"，诚非虚言！

可是这是什么话！（质疑者也许会问）难道共识之不存在竟是真知实见所必不可少的条件吗？难道为了让任何人都能认识真理而必须令人类的某一部分去坚持错误？是否一个信条一旦被普遍接受就不再真实且失去活力？是否一项命题除非还保留着一些疑问，否则就从来不会被完全理解和感知？是否只要人类一致接受某条真理，该真理就会在他们身上消亡？迄今为止，人们一直都认为增进人类智识的最高目标和最佳结果，是令天下人在一切重要真理的认同上越来越趋一致；然而难道只有人类智识的目标永远不被达到，它才能得以持续？难道其全胜之日竟恰为奋争之果开始腐烂之时？[*]

我真的绝无此意。随着人类的进步，人们不再争论或不复怀疑的道理必然日益增多；并且真理息争止疑的数量和分量，也几乎可以用来衡量人类幸福的程度了。人们在一个又一个问题上的严重分歧相继消失，是意见统一过程中必然会有的事情之一；意见统一于真理可为人类造福，情形恰如意见统一于谬误时可为人类招祸一样。但是尽管逐渐缩小意见分歧的边界，因不可避免与必不可少而有其必要，我们也并不一定要得出结论，认为这一切结果都必然有利。在这里，真理失去了一项重要的助益，因为它再也没有向对手解释或辩护的必要，从而令

【*】译者按：严复旧译《群己权界论》于此段加有按语，谓此段"虽为反对之言，然其中含至深之哲理，读者察之"，可以参考。

人无法对之有明确而生动的理解；这种损失虽然还不至于压倒真理获得普遍认可的益处，但其妨碍理解之害处亦不可小觑。当这种有利的辅助不再存有的时候，我承认我确是希望人类的教化者努力寻求一个替代的措施，想方设法让问题可能遇到的刁难呈现于学习者的意识之中，一如急于令其改变信仰的竞争对手向他们所施加的那样。

　　然而人们不仅不为此一目的寻求办法，而且还把从前曾用过的办法丢弃了。在柏拉图的对话录中有过精彩展示的苏格拉底式辩证法，就是这类方法之一。它们基本上是对于哲学和人生重大问题的否定性讨论，通过运用近乎完美的辩论技巧，说服那些只知接纳已成老生常谈的公认意见的人，其实并未理解那一主题，仍然未能确知他所信奉的信条的意思所在；也为了让其在意识到自己的无知之后，有可能走上一条通往坚定信仰的道路，使信仰建立在对教义本身及其依据的清晰理解之上。中古时期的学院辩论亦有着多少有些相似的目标。这类论辩的用意在于，令学生理解自己的意见，以及（必然相关联地）理解与之相反的意见，并能够强化前者的根据，而驳倒后者的根据。这种学院论辩诚然有着无可救药的缺点，因为它所使用的前提皆取自权威而非理性；并且，作为一项思维训练，它们在无论哪一方面，都比强有力的辩证法远为逊色，后者塑造出了"苏格拉底之辈"的聪明才智；但是现代思维自上述两者中所受之益，远较人们一般乐意承认的为多，当前的教育模式即便在最小的程度上也都没有可以代替这两者的东西。一个全部教导都得自教师或书本的人，纵使能够逃脱满足于饭来张口的无边诱惑，亦绝不会有被迫聆听正反两面意见的压力；因而甚至在那些可称思想家的人中，知悉正反两面都成为一项极不寻常的成就；在为自己意见辩护时，准备用来答复反对者的东西总是成为最薄弱的一部分。当前的风气是贬低否定性的逻辑，因它仅指出理论中的弱点和方法上的错误，而不确立肯定性的真理。这种否定性批判如果作为最终结果，确实显得非常贫乏；但如果把它当作获取任何称得起肯定的知识或信念的手段，则再也没有比这更为宝贵的了；而除非人们对如何对待否定性批评再次受到系统训练，否则将几乎不会出现伟大的思想家，并且除了数学和物理，在人类思维的任何方面，也只会出现较低的一般智力水平。在任何其他主题上，除非提出意见者或出于被人逼迫，或出于自己主动，而业已经历了与敌手激烈争辩所必然要求于他的精神过程，否则任何人的意见都当不起真知实见的称号。既然如此，对于一个若是没有就必须要去创造，而又如此难于创造的东西，当其主动送上门来的时候，我们竟充耳不闻，那岂非愚不可及！如果有人敢于挑战公认的既定意见，或者只要法律或舆论宽大就必定会如此去做，那么让我们感谢他们，并敞开心胸去一听其言吧，我们还要为此感到高兴，同样的事若不是他们已为我们做了，而只要我们对自己信念的正确性或生命力还有所关心的话，也应该自己花更大的力气去亲力为之。

＊　＊　＊

在能够证明意见的纷歧多样乃是有利的几大重要理由中，

这里还有一个尚需提及，并且同样，只要人类还没有进入目前看来仍是遥遥无期的智识跃进阶段，这个理由就会继续有效。目前为止，我们只考虑了两种可能性：一是公认意见有可能是错误的，因而某些不同意见倒是正确的；二是即便公认意见正确，而与相反的错误意见的较量，对真理能够得到清晰理解与深刻体认也是必要的。但是还有一种比这两者都更为常见的情形：一组相互冲突的信条，并非一者全对另一者全错，而是真理共存于二者之中；公认的信条只包含真理的一部分，必须要由不合主流的意见来补充真理的剩余部分。在那些感官无法触知的主题上，通行意见往往是正确的，但也很少或从未能涵盖全部的真理。它们只含有部分真理；程度有时大些，有时小些，但在理应跟它们相伴而生且对之有所限制的那些真理面前，却显得夸张、变形乃至脱节。另一方面，异端意见通常包含一些被遏制和被忽视的真理，其一旦冲决令之不能抬头的桎梏，不是寻求与包含在通行意见中的真理相调和，就是起而与之分庭抗礼，以同样唯我独尊的姿态把自己当作完全真理树立起来。迄今为止最为常见的乃是后一种情形，因为人心每每偏爱一己而很少兼顾各方。因此，甚至在观念的历次革新换代中，也往往是一部分真理兴起的同时，伴随着另一部分真理的沉没。纵然是本该由一项项偏而不全的真理不断累加的进步过程，也多半变成了仅仅以一项替换另一项了事；而改进之处，也主要在于那些新的真理片段较之所取代者更为人们所需，更能适应时代的需要而已。既然盛行之说都存在着片面性，因而

253

即便其所据之基础真实有效，那些含有为通行之说所遗漏的些许真理之光的每一项意见，不管它在真理上掺杂了多少错误和混乱，都值得珍视。我想没有一个以冷静头脑判断人类事务的人，会因为即便他们迫使我们注意到了我们不然必定会忽略的真理，但我们所见之真理也恰为他们所忽略，就非要对此感到愤怒不可。相反，他会认为因为通行的真理总是片面的，因而也就比其他情况下，更需要有人偏激地去主张那些非通行的真理；这也通常是最有活力且最有可能，令人对那些主张者号称全部真理，而其实只是智慧的只鳞片羽的东西，予以勉强注意的办法。

因此，在十八世纪，当几乎所有受过教育者和由他们引领的所有未受教育者，都醉心于所谓文明以及现代科学、文学和哲学的各项奇迹之时，当他们过高地估计现代人与古代人的不同之处，且纵情于相信全部差异都有利于他们自己之时，卢梭那些悖反之论就像炸弹一样在他们中间轰然炸开，从而产生了一种有益的震撼，打乱了那些紧密结合在一起的片面意见丛束，迫使各项因素在新要素加入之下以更佳的形式重新组合。这并不是说通行意见总体来说比卢梭的意见离真理更远，恰恰相反，它们倒是与之更为接近，其中含有更多的正面真理，也更少谬误。然而在卢梭的学说里面，却有着大量恰为通行意见所缺乏的真理，并随着它所掀起的思潮泥沙俱下；而待到思潮的洪峰消退，这些真理就成为沉淀下来的精华。纯朴的生活更为可贵，造作社会中的种种束缚与矫饰只会令人萎靡颓丧，自从卢梭著说之后,这些一直都是受过教育者从未完全忘怀的理念;这些理念迟早会产生应有的效果,但是目前仍需一力加以重申,并且需以身体力行来重申,因为在这一主题上,言辞的力量几乎已被耗尽。

再来看政治方面,下面所言几乎已成老生常谈:强调秩序或稳定的政党与要求进步或改革的政党,同为政治生活达至健康状态的必要因素;直到二者中某一个能够扩展自己的理解力,成为既重秩序又能进步的政党,懂得并善于辨别什么适宜保守什么适宜革新乃止。这种想法固然是将对方的缺陷化为自己的长处,但很大程度上也正是因为双方的对立,而使彼此保持在理性和稳健的限度之内。政治上纷见迭出的各种言论,如民主制和贵族制、产权论和均富论、合作和竞争、奢侈和节俭、群性和个性、自由和纪律,以及实际生活中永相对立的种种意见,除非每一对的两方都能同样地自由发表,并且以同样的才情和精力得到贯彻和拥护,否则对立的双方都不会有机会得到公平的对待,必然会像天平的两边此起而彼落。在生活的各种重大实际利害上,真理往往是对立双方调和与交汇的问题,却很少有人能够有足够恢弘公正的心胸,去用正确的方法做出适当的调整,而使真理只能通过交战双方在敌对旗帜下展开斗争的粗暴过程才能得到。在以上所列举的任何一个重大而又具有开放性的问题上,如果两种意见中有一个比另一个更具优势,那么不仅要得到容忍,还应该去鼓励和支持的,恰恰该是在特定时间和特定地点为少数人所持有的那个意见。当其

254

时，那一意见一定代表着被忽视的利益，代表着有丧失公平对待之危险的某一方面人类福祉。我知道在这个国家中，对于大多数这类主题上的意见分歧并不存在任何不宽容。从得到公认且日益增加的事例中，都显示并证明着一个普遍的事实，在人类智慧的当前状态下，唯有通过意见的纷歧多样，才能使真理的各个方面有一个公平竞争的机会。如果我们发现有人在任何问题上，对世人显然一致公认的意见竟有不同看法，纵然世人是对的，那些异见者为自己辩护的话中，也总有一些值得我们一听的东西，若禁止他发言，则对真理而言往往就会有所损失。

也许有人又要反对说："但某些公认的原则，尤其是那些最崇高且最重要问题上的原则，远非仅含半截真理。例如，基督教的训诫即为道德问题上的全部真理，若有人宣讲的道德有异于此，则其说必定全然谬误。"因其对于一切生活实践最为重要，还没有什么比基督教道德更适合用于检验一般的道德训诫。但是，在声言何者合乎何者背离基督教道德之前，应该先确定何谓基督教道德。如果它指的是《新约》中的道德教训，那么我感到不解的是，任何从这本经书本身获得道德知识的人，怎么能够设想《新约》已宣布为或意欲将之作为完备的道德教义呢。福音书总是援引先前已有的道德观念，并将训诫限定在原有道德需要做出修正或需要代之以更高更广原则的特例上；再者，用以表达它们的词汇极为笼统宽泛，往往很难照字面加以解释，它们像诗歌或雄辩一样极富感染力，却无法律条规的精确性。要想从中提取出一套道德教义，如果不以《旧约》弥补其不足，就根本不可能完成；而《旧约》固然体系详备，其中却也多有鄙陋野蛮之处，因那原本就是只为野蛮人制定的。故而圣保罗，这位公开反对犹太人的解经模式、反对填充主训的人，同样采纳了先前已有的，即希腊和罗马的道德观念；他对基督徒的劝告在很大程度上就是一套与旧有道德相调和的体系，甚至于到了显然认可奴隶制的程度。[*] 所谓的基督教道德，或许更该称之为神学道德，并非出自基督及其使徒之手，而是出自更为晚近者的手笔，先由头五个世纪的天主教会逐步确立，后到了现代人和新教徒手里，虽然没有毫无保留地全然接受，被修订的地方也远较人们期望会改的少得多。实际上，他们大多只满足于砍掉中世纪添加上去的东西，再由各宗各派代之以新的添加物，以适应各自的特点和倾向。我当然绝无否定人类大大受益于这一道德体系及其早期宣道者的意思；但我敢毫无于心不安地说，它在很多重要问题上都是并不完备且有所偏颇的，若不是有很多不为它所认可的其他理念和情感，共同协助塑造了欧洲人的生活方式与性格品质，人类事务就会比今天所见的情形要糟糕得多。基督教道德（姑且如此称之）具有反激运动的一切特征，它大部分都以对异端信仰的抗议形式出现。其理想多消极而非积极，多被动而非主动，但求清白而不慕高义，力避邪魔而非一力求善，故（诚如有人指出的）其

255

【*】 参见《歌罗西书》3:22—4:1。——英文版编者注

训诫里"你不可"一类的诫语远远超出了"你应该"一类的劝善。因其畏惧纵欲犹如蛇蝎，遂树立禁欲苦行为偶像，这种做法已逐渐通过折中进入典章律法。它给人以天堂的希望和地狱的威胁，将之作为追求纯洁生活指定和相称的动机：这种道德标准远较古代圣贤为逊，它通过将每个人的义务感与同胞的利益相分离，只有诱以私利才会顾及他人，从而给人类道德加上一种本质上乃为自私的特征。它本质上是一种倡导消极服从的教义；它教人服从一切已经确立起来的权威当局；虽然还不至于当统治者命令有违宗教禁令时也要积极服从，但无论当局对人们做了多少不义之事，也不可反抗，更遑论背叛。至于以身奉国的义务，在最好的异教民族的道德里，都被置于一个无上的地位，甚至于可以侵犯正当的个人自由，而在纯粹的基督教伦理中，这一重大义务却几乎没有受到注意或得到承认。人们能从《古兰经》而不能从《新约》中读到下面的金科玉条——"那治国的人，指命一人充任某职，倘其治内尚有他人更堪此256 任，那治国者就开罪于神，也有负于国。"[*]在现代道德观念中，还能获得些许承认的个人需对公众负有义务的观念，都来自于希腊和罗马而非基督教；同样，甚至在有关私人生活的道德观念中，如果还存在任何胸襟开阔、心性高洁、人格尊严以

【*】 此说不见于《古兰经》，但可见于查尔斯·汉密尔顿（Charles Hamilton）译的四卷本《希大亚教法经（教法指南）：穆斯林律法注解》[*The Hedàya or Guide：A Commentary on the Mussulman Laws*, 4 vols.（London: Bensley, 1791），Vol. II, p. 615]。——英文版编者注

及荣誉感等品质，也都完全来自于我们接受的人文教育而非宗教感化，因其绝无可能从公开宣称唯一价值乃是服从的道德准则中生长出来。

我同任何人一样，远非要以一切可以想象得出的方式，认定这些缺陷必然内在于基督教道德之中，或者完备的道德学说所必然含有而为基督教所无的诸多要素，必不能与之相调和。我更不是存心要对基督本人的教义和训诫妄加微词。就我所见的任何证据，我相信基督所遗之训导一如其所本欲宣扬的一切意旨；我也相信它们不可能与完备道德所需的任何东西不能相容；我还相信凡可被各种道德伦理视为完美的任何东西都可以进入其中，而不至和其文辞发生多大冲突，正如所有那些曾试图从中推导出任何实际行为规范的人没有对它构成什么冒犯一样。但是与此毫不矛盾，我同时相信它们仅包含并且原本就有意包含部分真理；我还相信至高至美之道德的众多基本元素，存在于这位基督教创始人有记载的言辞未曾提及也未有意提及的事物中，而教会在根据基督训示建立其伦理体系时，也将之完全抛在九霄云外了。既然如此，我认为若还有人坚持试图从中寻找指导我们的完整规则，就是大错特错，其原始作者诚然有意裁准并实施此种规则，但却仅仅是提供了部分规则而已。我也相信，这一偏狭学说正在变成严重的实际祸患，大大减损着道德训练与督导的价值，而这种价值目前终于有那么多好心人在力求推进。我很担心，由于企图单单以宗教范式来塑造人的意志与情感，抛弃此前一直与基督教伦理共存并对之有所补充的那些世俗标准（因无更好的称呼姑且如此称之），或对其精神间或有所采取，也随即以己身所有将之同化，这必将导致，甚至现在已经导致，一种卑琐驯顺之性格类型的形成，无论如何都要让自己屈服于其所认可的无上意志，而不能上升到至善的观念，更不能与至善观念产生共鸣。我相信，若要人类道德获得新生，对那些其形成并非单单渊源于基督教的其他道德伦理，必须令之与基督教道德携手并进；并且基督教体系并不例外于下述规则：在人类心灵未臻完善的状态下，真理的利益需要意见的纷歧。要求人们不再忽视基督教未曾包含的道德真理，却也并非一定要人们忽略它确所包含的那些真理。这种偏见或失察一旦发生，就完全是一种祸害；但是，我们也不能指望这种祸害人们总是能够避免，而只能把它视作追求至善的代价。将片面真理当作全部真理，这种唯我独尊的自命不凡必须而且应当去反对；而如果反击的冲动反过来又令反对者有失公允，其偏狭正跟所反对者一样，这固然令人遗憾，但必须对它予以容忍。如果基督徒想要无神论者公正对待基督教，那么他们自己也应该公正对待无神论者。凡对有文献可征的历史稍有所知的人都知道，那些最高尚与最有价值的道德教训，有很大一部分都出自对基督教一无所知或虽有所知但却不屑一顾的人之手，若不顾念这一事实，则于真理毫无助益。

我也不敢说，让一切可能的意见丝毫不加限制地自由发表，就能结束宗教或哲学上宗派主义的祸害。心胸狭隘之人，对于他所热衷的每一个真理，都必然会极力主张，反复强调，甚至以各种办法来实行，就好像世界上再也没有其他真理，或者无论如何都不会有第二义能对其有所限制或可与之一争高下。我承认，一切言论都有向宗派化发展的倾向，且并不会因有了最自由的讨论而得以矫正，反倒往往会由此而日益增强和加剧；那个本该认识到但却未能认识到的真理，只因出自被视为敌手的人之口，就被更激烈地排斥。不过，让多种意见的这种碰撞产生有益的结果，当然不会发生在激情如火的党人身上，却能发生在更为冷静且无所偏袒的旁观者身上。片面真理之间的激烈冲突并不可怕，可怕的是以半截真理相镇压以致万马齐喑；只要人们还被迫兼听各方，情况就总有希望；而一旦人们只偏重一方，错误就会固化成偏见，而真理自身也由于被夸大变成谬误而不复具有真理的效用。当争端的两造只有一造有辩护人代表其上前时，有人却能够在两造之间做出明智判断，在人类的精神属性中，没有什么比这种公断能力更为罕见了，既然如此，若不是让问题的各方公平地出现，令包含任何真理片段的每一项意见不仅能有辩护人，而且还要让辩护足以让人不得不听，真理就不可能被发现。

* * *

至此，我们已经从很清楚的四点根据上认识到，意见自由以及意见表达自由对人类精神幸福（它决定着人类的其他一切幸福）的必要性了；现在我们就来扼要地概括一下。

258

一、即便某一意见被压制而至于沉默，但其实我们未必真的不知道，那个意见有可能是正确的。拒绝承认此点就是认定我们自己绝对不会出错。

二、即使被压制的意见是错误的，它也可能包含并且通常确实包含部分真理；而由于在任何主题上，普遍或通行的意见难得是或从来不曾是全部真理，只有通过与反面意见的碰撞，余下的部分真理才有机会得以补足。

三、纵然公认意见不仅正确而且是全部真理，除非它允许并确实经受了极其有力而又最为认真的挑战，否则大多数接受它的人抱持的仅仅是一项成见，对其所以然的理性根据毫无理解或体认。不宁唯是，四、信条本身的意义也将变得岌岌可危，其可能由隐晦而至于消失，对人的身心言行将不复有积极影响的能力：最终，由于信仰仅仅剩下形式，非但无益于为人增福，而且还因破坏了根基，从而妨碍了任何真实而又诚挚的信念自人类理性或个人体验中生长出来。

在结束关于言论自由的讨论之前，似乎还应当对某些人的一种看法稍做注意，他们认为，一切言论固然都应该被允许自由表达，但前提是意见表达方式必须温和节制，不能逾越自由讨论的界限。有很多理由可以说明这些假定的界限根本无法确定，因为如果要检验意见受攻击的那些人是否受到了冒犯，我想经验一再证明只要其所受攻击是有效且有力的，则冒犯就是一定的，每一个紧相逼迫而令其难于作答的反对者，如果再对那一主题表现出任何激情的话，在他们看来就是一个无节制的反对者。尽管从实践角度看，这是一项重要理由，但与更为根本的反对理由还不可等量齐观。无疑，对一项即便是正确的意见的坚决维护，这种态度本身就可能是非常令人反感的，也当然就可能会招致严重的指责。但最主要的冒犯则来自于除非通过他自己不经意的泄露，否则就极难证明其罪过的那种类型。其中最严重的是，强词夺理地诡辩、隐瞒事实或论据、颠倒事件的要素、曲解对方的意见。然而，所有这些行为，即便达到最严重的程度，在那些不能被视作并且在许多方面也不应被视作无知或低能的人那里，也总是在其完全的诚意下屡见不鲜地上演着，因而也就几乎不可能以充足的理由，认真地将其打入道德上有亏的不正当的代表之列；而法律就更不能冒昧地干涉此类有争议的不当行为了。至于通常所指的过激辩论，即恶语谩骂、讽刺挖苦、人身攻击以及诸如此类的做法，如果对这种语言利器的斥责，总是同等地要求双方都不要使用，也许应该得到更多的支持；可是人们却仅仅希望限制使用它们来反对主流意见；如果反对的是非主流意见，则它们不仅可以被使用而不致遭到普遍反对，而且使用者还有可能赢得激于义愤而热诚卫道的赞誉。然而不论如何，当将其用于反对相对无力自卫的那一方意见时，它所导致的损害都是最严重的；而且无论任何意见能够从这种回护模式中收到多少有违公平之利，得利者都几乎无一例外地是公认的主流意见。这其中，争辩者所可能会犯的最坏一种冒犯，就是污蔑抱持相反意见的对手乃是不道德的坏蛋。

此类中伤，是那些抱持某种非通行意见的人尤其容易招致的，因为一般来说他们毕竟人少且没什么影响，除了他们自己没人在意他们是否得到了公正对待；而从这种事情的本质上看，那些打算攻击主流意见的人是用不得这种武器的：因为他们既不能保证自身安全地使用它，而且即便能够使用，也势必只会引火烧及自身。一般说来，与通行意见相反的意见，只有使用刻意自我节制的谦和之语，并且极其谨慎地避免不必要的冒犯，才有可能获得发言的机会，在用语上哪怕仅仅偏离一点点，也很难不失去阵地；而主流意见一方如果使用无度的辱骂，却的的确确能够吓阻人们发表相反的意见，即便有人敢发表，也没人敢去听。由此看来，为了真理和公道，在主流意见这一面限制使用无节制的谩骂之语，其重要性远胜于对非主流意见那一面的同等要求；举例来说，如果必须要做一选择，那么可能更需要劝阻对非主流的无神论的冒犯性攻击，而不是劝阻针对主流信仰的同样行为。但是，显然法律和权威当局都无权限制任何一方，而是应当由舆论根据每一件事的实际情形做出裁决；由舆论去谴责每一个在辩护方式上表现出缺乏公正、用心不良、褊狭固执、毫无度量的人，而不论他站在论辩的哪一方；不能根据一个人的立场推断他有上述不道德的地方，尽管他在该问题上的立场跟我们恰好相反；同时对于每一个不论抱持何种意见的人，如果他总是能冷静了解并诚实说明对手及其观点的真正情形，既不夸张任何对他们不利的地方，也不隐瞒任何对他们有利或被认为可能有利的地方，那么也应该给予他应得的赞誉。这是公共讨论的真正道德；即便它经常被违犯，但我还是乐于认为，有许多论争者在很大程度上都遵循着它，而且还有更多的人在真心地向其靠近。

第三章

论作为幸福因素之一的个性自由

人类在形成意见以及毫无保留地发表意见上，之所以不可不自由，其种种理由已一如前述；思想言论的自由若得不到承认，或没人突破禁令而加以力主，其对人类智性进而德性的种种恶果，也已一如前述；接下来我们要考查的是，是否能以这些同样的理由，来主张人类应该依照自己的意见自由行动，即只要他们愿意自负责任和自担风险，就应该不受同胞实质的或道德的阻挠，而将其意见贯彻到自己的生活之中。当然前面那个附加限制是不可或缺的。没有人妄言一切行动都应该像意见一样自由。相反，即便是意见，如果其表达所处的情形，使它的表达对某些有害行为会构成积极的煽动，也要失去其豁免权。譬如说粮商乃是令穷人忍饥挨饿的罪魁祸首，财产私有无异于抢劫越货，这样的意见如果仅仅是通过报刊而传播，应当不受干涉；但是，如果面对一群正聚集在粮商门前的气势汹汹的暴民，有人再去公然宣讲或张布揭帖传播前述意见，就该受到应有的惩罚。无论何种行为，但凡没有正当理由而贻害于人，都该受到反对意见的抑制，如有必要还应通过人们行动上的干涉加以阻止，如果情形严重，则人们做出上述遏阻之举就为绝对需要。是故个人自由必须要有所限制，即无论如何不能令自己妨碍他人。如果能在涉及他人之事上避免妨害他们，而仅仅在事关自己之事上随心所欲、为所欲为，那么能够表明意见应予自由的那些理由，同样也可以证明，只要自负后果，就该被允许人将自己的意见贯彻到行动之中而不受干涉。诸如，人们不可能绝对不错；人类的真理往往半真半假；如果不是出于互相反对之意见极为充分而又最为自由的较量，意见的统一并不可取，在人类尚未比今天更有能力认识真理的全貌之前，意见的纷歧非但无害甚且有益，这些原则适合用于说明人们行为方式应该自由，相比其适合说明意见自由亦丝毫不遑多让。正如只要人类未臻完善，允许不同意见的存在就是有益的，同样，在生活方式上允许不同的尝试，也是有益的；各种性格只要不伤及他人就该给予其自由发展的空间；只要有人愿意一试，不同生活方式的价值就该允许通过实践去证实。总之，在并非首先关及他人的事情上，个性就应该得到伸张。如果行为法则不是出于个人的性格，而是出于他人的传统或习俗，人类幸福就缺少了其首要因素之一种，而这项因素恰恰对个人和社会的进步十分重要。

在坚持这一原则时，将要遇到的最大困难，不在于怎样向人们说明通向公认目标的方法，而在于一般人根本不关心这一目标本身。假如人们认识到，个性的自由发展是幸福首要而必不可少的因素之一，认识到它不只是与文明、教导、教育、文化那些名词所指内容相配合的因素，而且它本身就是这些事物的必要组成部分和存在条件，那就不会有低估自由的危险，在个人自由与社会控制之间做出调整，也就不会有特别的困难。但糟糕的是，在一般人的思维模式下，个性的舒展（individual spontaneity）几乎不被认为具有任何内在价值，值得为其自身之故而予以些许关注。大多数人以人类现有习俗为满足，盖现有习俗即是大多数人所为之，如此，他们就不能理解为什么那些习俗并非对每个人都足够好；甚且，在多数道德和社会革新者的理想中，个性舒展就根本不在考虑之列，反而以提防的心理认为，其对他们自认为最有益于人类的良法美意获得普遍接受只会徒生滋扰，甚至可能成为叛然相违的障碍。德国著名学者和政治家威廉·冯·洪堡著有一书，其大旨谓："人的（真正）目的，或曰由永恒不变的理性指令所规定而非变幻不定的喜好所表明的目的，乃是令其能力得到最充分而又最协调的发展，使之成为一个完整而一贯的整体"；因此，"每个人必须不断努力向其趋近，尤其是那些意欲教化同胞的人必须一直关注的目标，就是能力与发展的个性化"；为此必须具备两个条件，"一是自由，二是千差万别的环境"；二者结合便可产生出统一在"首创性"中的"个性活力与丰富差异"。[1]然而洪堡之意，德国而外，能解者实寥寥无几。

洪堡之旨，固然为世人所罕闻，并且还可能会因个性被赋予如此崇高的价值而令人感到诧异，然而，我们必须意识到，问题只在于程度有别而已。没有人会认为，行为上的完美只能来自于彼此亦步亦趋地模仿照抄。也没有人会断言，人们不该

【1】［德］威廉·冯·洪堡（Wilhelm von Humboldt）：《政府的界限与责任》（*The Sphere and Duties of Government*），Joseph Coulthard, Jun.英译本，伦敦：Chapman出版，1854年，第11和13页。

262

为自身生活方式以及事关自身的行为打上一己判断与个人性格的烙印。反之，妄称仿佛彼等出生之前世界一团黑暗，或人类迄今之经验尚不足以显示各种生存与行为方式孰优孰劣，事事皆须人们从头开始，则同属荒谬。没有人否认人在年轻时应该接受教育与训练，让他知道并受益于人类经验业经确定的结果。但是，当一个人各项能力已臻成熟，以他自己的方式利用和解释经验，乃是人之为人的特权与固有条件。从过往经验中找寻哪些东西适用于自身处境与性格，是他自己的事。他人的传统和习俗，在一定程度上乃是经验教给了他们哪些教训的证据；作为有事实依据的断定，正因如此有理由要求人遵从。不过，第一，这些经验有可能太过偏狭，或他们给出的解释未必正确。第二，即便他们的解释是正确的，但却并不适合于他。习俗适宜寻常情境与寻常性格，而他所处情形或他的性格却或许就是非同寻常的。第三，即便习俗足够好并且也适合于他，然而仅仅因其为习俗即要他去遵从，就不能使他作为人类天赋异禀的任何属性得到培育和发展。人类的诸种能力，如感知、判断、识别、心智活动以及道德倾向等等，只有在有所抉择时才能得到运用。如果仅仅是循规蹈矩，那他就没有做出任何抉择。既无抉择，对于分辨与欲求最佳的事物，就没有得到实际的锻炼。心智与道德的能力，跟体力一样，只有运用才能得到增强。如果仅仅因他人有所行动自己就去仿效，这跟因他人有所相信自己也就相信一样，人的能力不会因此而得到任何运用。如果某项意见尚未为一个人的理性所信服就予以采纳，那么他的理性非但不会因此有所增强，甚至还有可能被削弱；同理，如果一种行为的诱因，并非出自与他自己的感觉和性格相合的那一类（这里不涉及他人的情感或权利），那么不仅不能使他的感觉和性格变得活泼有力，而且还会使它变得麻木迟钝。

如果一个人将自身生活计划的选择，全部委诸世人或自己的生活圈子，则无需赋予他任何其他能力，只要有猿猴一般的模仿力就足够了。而自行选择生活计划的人，却需要调动他的所有官能。他必须运用自己的观察力去看，用推理与判断力去预见，用行动力去收集供做决定的材料，用辨别力去做出裁决，裁决既定之后，犹须用毅力与自制力去坚持深思熟虑后的决定而不致放弃。并且，在行为上，他做决定根据自己的判断和感觉的成分越大，他所需要和运用的这类属性也就越多。可能，不调动这些能力属性，他也会经引导而走上正道，不致误入歧途。然而，人之为人的价值，究竟何在呢？真正重要的，不仅是人们所行何事，而且还应包括如此行事者是何等样之人。在人类正确运用人生以求完善和美化的各种功业中，最重要的无疑还是人自己。假使可以由一种人形机器来完成诸如建筑、耕种、征战、断案，乃至修建教堂、祝颂祈祷等种种活动，把那些尽管目前生活于世界文明发达之域，但却无疑只是自然能够和将要创造出来的最贫乏标本的一干男女，置换成这些机器人，也将是一项相当重大的损失。人性并不是一部机器，按照一种模型组建起来，并被设定去精确执行已规定好的工作；

263

人性毋宁像是一棵树，需要朝各个方面去成长与发展，并且是根据使它成为一个活体生命的内在力量的倾向去成长与发展。

人们大概能够认可，值得让人去运用自己的理解力，对习俗做理智的遵循或偶尔有意的偏离，这总比盲目和简单的机械服从为好。因而，在一定程度上，人们会承认理解应该出于自身；可一旦说到人们的嗜欲与激情也应出于自己，或说让人保有任何出于自身而又有力的冲动根本没有什么危险或害处，人们就不会同样情愿地予以承认了。然而欲望与激情，跟信仰与克制一样，同为一个完整之人的组成部分：只有在失去适当的平衡，即当一组目标和倾向发展出力量，而另外一些本该与之相反相成的目标和倾向仍处于衰弱无力的状态之时，强烈的冲动才是危险的。人之为恶，并非欲望强烈之故，而是因为良心孱弱。而且，并非只要激情冲动，良心必定孱弱；相反，缺乏激情与良心孱弱倒是天然的一对。若说某人的欲望与情感，较之他人更为强烈而繁富，也无非仅仅表明其人于人之天资禀赋，具备更多的质料，因而，其可能更有能力便于为恶，却也当然更有能力便于为善。激情澎湃无非是精力充沛的另一说法罢了。富于精力固然可能为恶，但更多的善举总是出自活力充沛的性格，而非出自萎靡怠惰者之手。那些极富自然性情的人，也总是能够习得最强烈的文明性情。恰恰是这种令个人欲望鲜活而有力的强烈情感，也能令人产生最炽烈的好德之心以及最严格的自我克制。社会必欲尽其职责而保卫自身利益，唯有通过扶植培育这些性情，而不能因不知如何塑造英雄，就把塑造

264

英雄的材料一并抛弃。一个欲望与激情出于自己的人——这是他自己天性的表现，尽管这种天性经过了自我修养的发展和陶冶——才可称得上有性格。而一个欲望与激情不能由自己决定的人，毫无个性可言，跟一台蒸汽机之毫无个性没什么两样。如果一个人的情感不仅出于自己，而且强劲有力，并受着坚定意志的统属，那么这个人就是具备了旺盛饱满的性格。如果有人认为不应鼓励发展个人独具的嗜欲与激情，则无异于说社会根本不需要强而有力的性格，众多富于个性之人充斥于社会反而不是什么好事，人们较高水平的平均活力亦无足取，世间岂有如此道理？

在社会的早期状态下，人类欲望与冲动的力量可能或确曾远为强大，社会当时所具有的权力不足以对其加以规范和约束。自发与个性的成分一度确实是太过了，社会规范与之进行了艰难的斗争。当时的困难在于，引导身强力壮或桀骜不驯的人抑制自己的冲动而服从规则。为克服此一困难，法律和纪律，应该像那些与列国君主相斗争的古罗马教皇那样，确立一种统摄整个之人的权力，要求控制他的全部生活以便约束他的性格，因为当时社会还没有找到任何其他足以约束人们性格的手段。然而，如今社会已经大大强于个人了；对人性的威胁不是来自于个人激情与嗜欲的过分，而是来自于其不足。从前，那些或以地位尊崇，或以天赋异禀动辄违法乱纪之人的激情，必须受到严格的约束，以使普通人在他们锋芒所及的范围内享有起码的安全；如今，情势已大为改变。在我们的时代，从社会的最高级到最低级，每个人都生活在怀有敌意的目光与令人恐惧的审查之下。不光在关涉他人之事上，而且在仅仅关涉自身之事上，个人或家庭也不敢依照自己的意见问一问什么才是我想要的？什么才适合我自身的性格和气质？什么才能让我身上最优秀与最高尚的东西得到公平发挥，使之得以茁壮成长？他们问自己的反倒是，与我的身份相符合的是什么？与我地位与财力相仿者通常都做些什么？更糟糕者，要问比我地位与财力更高者通常会做些什么？我并不是说，他们本有自己的好恶，只是在做选择时屈从于习俗。其实他们除了从俗之外，根本就谈不上有什么嗜好。于是，心灵本身也向束缚低头：乃至寻乐自娱，首先想到的也是要从俗合流；他们乐于混迹于人群之中；即便有所选择，也是在诸多众人惯行之事之间选择而已；独特的品味，反常的行为，在他们恰如犯罪一样避之唯恐不及。开始只是搁置自己的本性而不用，最终至于根本没有了可以遵循的本性，因为他们身上为人类所独具的性能已经枯萎乃至衰竭了：他们已无能力再生出强烈的愿望与固有的快乐，而且一般也丧失了根于自身或可以归之于他们自身的意见与情感。然而，这是不是人性应有的状态呢？

在加尔文派的教义看来，人性本该如此。依照那种理论，人的最大罪孽就在于自我意志。人类力所能为的一切善行，都包含在服从之中。你不可选择，必须遵令而行，不存在例外："义务之外，皆为罪业。"既然人性本恶，因而除非将自身所含人类本性铲除净尽，任何人休想得到救赎。对于持有这种生命观的人而言，摧毁人的任何先天资质、后天才能以及感受能力，都不是罪恶；除了能令自己屈服于上帝意志之外，人类无需任何才能；如果有人使用任何天资去做了其他之事，而不是为了更有效地服从那个所谓的意志，那么倒不如没有那些天资更好。这就是加尔文派的学说；而许多自认为不属加尔文派信徒的人也持有类似的看法，只不过略为弱化而已；弱化之处包括，对所谓上帝意志的解释更少一些禁欲色彩；声称根据上帝意志，人类的一些爱好可以得到满足；当然满足的方式不能任由他们自择好恶，而应该遵循服从的途径，也就是说，要遵循由权威指定给他们的途径——既然有这样的必要限制，因而二者实在没什么区别。

目前，这种狭隘的生命理论，以及它所嘉奖的逼仄压抑的人类性格，在这种隐蔽的形式之下，竟有愈演愈烈的趋势。许多人无疑真诚地认为，人类如此被钳制被削弱，乃是造物主的本意；这就好比许多人认为，树木经过修剪乃至雕琢为动物形状，要比自然赋予它的本来面目好看得多。但是，如果相信人是由一个至善至仁的神所创造属于任何宗教的一部分，那么与此种信仰更为相合的应该是，相信神赋予人的一切能力都该得到培育和发展，而不是被根除或消灭，相信神乐于看到他的创造物步步接近内在于他们自身的理想观念，乐于看到他们的理解能力、行动能力乃至享乐能力的每一步增长。世上本来就有与加尔文教迥异的人性完善的类型：即这样一种人性观念，它认为人被赋予各种天性本是为了让他完成其他各种目的，而非

266 仅仅为了压抑克制。"异教徒的自我伸张"与"基督徒的自我克制",同为人类的可贵之源。[2]在柏拉图和基督教的克己自制的观念中,都混合着自我发展的希腊思想,而非取而代之。做一个约翰·诺克斯,也许胜于做一个亚西比德,而做一个伯里克利,却比二者都要好;而假使伯里克利生活在如今这个时代,也不会没有约翰·诺克斯之所长。[*]

要想让人类成为值得瞩望的尊贵美好之物,不能消磨一切个人所独具的殊才异禀使之泯然于众,而只能在无损于他人的权利和利益的范围内使之得到培育与发扬;而且既然作品总是能够反映创造者的性格,那么经过同样的过程,人类生活也会变得更为丰富多彩,生气盎然,还会给高尚的思想和崇高的情感带来更充分的滋养,并通过让所属族群更值得个人为之自豪而加强每个个体与族群之间的联系。随着个性的张扬,每个人变得对他自己更有价值,也因此就能更有益于他人。以个人的存在而言,生气更为充沛,而由于个人生气更为充沛,由个人组成的群体生机也就更为蓬勃。当然,为了防止天生更为强壮的个体侵犯他人的权利,必要数量的限制还不能免除,但是要以从人类发展的角度看来所得大于所失为限。如果因个人一己

【2】 约翰·斯德林(John Sterling):《散论与记事》(*Essays and Tales*),伦敦:1848年版,第1卷,第190页。

【*】 约翰·诺克斯(John Knox, 1505—1572),苏格兰宗教改革家,清教主义的创始人,主张虔敬、勤俭、清洁;亚西比德(Alcibiades, 又译阿尔西比亚德斯,约前450—前404),古希腊枭雄,性格放纵恣肆;伯里克利(Pericles, 前495—前429),古希腊政治家,民主政治的杰出代表,性格沉毅,守正不阿。——译者注

之好有损于他人而剥夺其发展手段，其损失主要以成就了他人的发展而得以补偿。甚至对他本人来说，正因限制了其本性中的自私部分，而令其中的利他部分可能有了更好的发展，因而得失之间也足以相抵。为了他人而受制于正义的严格规则，正可以发展以他人利益为目标的情感和能力。但是如果事情无关他人利益，仅仅因为冒犯了他们的忌讳而让人受其限制，则不会发展出任何有价值的东西，反倒只会生出反抗限制以图一逞的暴力性格。而人若是屈服于这种限制，则就会削平乃至磨光其全部天性。要使每个人的天性都得到公平发展，最关键的就是要容许不同的人去过不同的生活。无论哪个时代，个性自由得以发挥的程度是否宽广，都是后世对其艳羡或鄙弃的标准。只要个性在其之下还能得以存在，即便是专制也还没有产生它最坏的恶果；而凡是摧毁人之个性的，却都可以称之为暴政，无论它以什么名目出现，也无论它宣称执行的是上帝的意志还是人民的命令。

　　我既已说明个性与发展乃是同一回事，只有个性得到扶植
培育，才造就出或才能造就先进的人类，这里本可以就结束这一论证了：因为在人类事务的条件之内，既然个性的舒展可以让人类自身接近其所能达到的最佳境地，还有什么更多更好的话值得一说呢？或者说到对于人类幸福的阻碍，还有什么比压抑个性阻止人类趋近最佳之境更为可恶呢？然而，这些理由无疑仍不足以说服那些最需要被说服的人们；必须进一步说明，人类中的这些先进者总是或多或少有益于那些未进者——向那

些不渴求自由，也不稀罕自由之助益的人点明，如果允许他人利用自由而不加以阻挠，他们也会在某些不难理解的方式下获得回报。

那么，首先我要提示的是，人们可以从特立独行的先进之士那里学得某些东西。没有人会否认，首创性乃是人类事务中的可贵要素。人们不仅总是需要有人去揭示新的真理，指出过去哪些真理已然不再正确，而且总是需要有人开创新的惯例，为人类生活树立更文明的行为以及更高尚的品味和情趣。只要人们还不认为这个世界在一切习俗与惯例上已经臻于尽善尽美，对此就不能给予有力的反驳。不可否认的是，不能期望庸常之众都有能力提供这种惠益；在整个人类之中，其生活实验一旦被他人采纳，就会对成规惯例可能有所改进的，仅有少数人而已。然则这些少数人必是人中之灵秀，有如地上的盐，没有他们，人类生活将会变成一潭死水。不独古代所无的佳言懿行有待他们引介，即便现今已有者也需要他们保持其生命力不致衰退。即便没有新的事情可做，人类智慧难道就再没有存在的必要了吗？那些惯于依旧例而行的人之所以会忘记如此行事的理由，且做起事来不像人类而是如同牛马，难道不值得一问究竟吗？绝佳的信仰与惯例一变而衰退为空文死法，世间这种势头再大不过了；如果不是不断有人以其随起随生的原创力，阻止那些信仰和惯例变得只剩下机械的传统，那么如此僵死之物将经不起任何真正有活力的事物哪怕最轻微的一击，而且也没有理由再说文明不会像在拜占庭帝国那样荡然消亡。同样不可否认，天才之士乃是且恐怕永远都是很小的少数；然则为了拥有天才，就必须维护他们得以生长的土壤。天才只能在自由的空气里自在地呼吸。既云天才，顾名思义，定然会比一般人更具个性，惟其如此，也比一般人更没能力适应社会既定的有限模式而不受到禁锢的伤害，这些模式本是社会为避免其成员各自形成性格而招致麻烦才规定的。假如他们因怯懦而被迫同意将自己纳入那少数模型之一，而令自己所有还未能展开的天赋在压力下继续保持淹没不显，则对社会而言，虽有天才却实未受其益。假如他们性格刚烈，则必会挣脱枷锁，致令社会因未能成功磨掉其棱角以使之平凡而蒙羞，因此就会为其加诸"野人""怪物"等等带有严重警告意味的称号；这跟有人看见尼亚加拉河激流冲荡，就抱怨它不像荷兰运河那样沿着两岸堤渠静静流淌有什么不同吗？

我这样断然强调天才的重要，以及应该允许他们在思想和实践上自由舒展的必要，是因为我深知虽然理论上没人会反对这一立场，但是我也知道事实上几乎每个人对此都完全漠不关心。人们以为，如果天才不过意味着可以创作出动人的诗歌或悦目的图画，那固然是好。但是一说到它的真正所指，也即思想和行动上的首创，尽管没人会说那并不值得如何夸赞，却几乎所有人心里都不以为然，以为没有它人们照样会做得很好。不幸的是，这种事情太也正常，以致不足为怪。不具首创力的头脑自然不能感受到它的用途。他们不能领会首创力为他们做了些什么。他们怎么能领会得了呢？因为如果他们能够明白它会为他们做些什么，那它也就不是什么首创了。首创力得为他们效劳的第一件事乃是打开他们的眼界：一旦眼界被完全打开，他们就有机会使自己成为具备首创力的人。同时，他们只要想到若不是有人破天荒去做，任何事情就永远不会完成，而且我们今日一切美好事物都是拜首创力之所赐，就会让他们非常谦虚地相信，世间尚有某些事情等待有人去完成，也使他们自己确知，其越是感觉不到首创力的缺乏，就越是需要它。

自严肃的事实而言，不管人们对真正的还是他们认定的智力超群者表达乃至给予了怎样的尊敬，遍及世界的普遍趋势仍然是使庸众成为人世间的支配力量。在上古、中古乃至从封建时代向目前时代其程度渐趋减弱的漫长过渡时期，个人自身都还能作为一种力量存在；如果他拥有卓越的天才或崇高的社会地位，他就会具备相当大的势力。而如今个人却消失在人群之中了。拿政治来说，毋庸赘言，世界现在是由公众舆论来统治的。唯一名副其实的力量乃是群众的力量，以及作为群众倾向和本能之代理机构的政府的力量。不独公共事务为然，即便在事关私人生活的道德和社会关系上，也莫不如此。那些其意见假公共意见以行的群众，并不总是同样类型的公众：在美国所谓的公众即是全体白人，在英国主要是中产阶级。不过他们总归是群众，确切点说，就是群集起来的庸众。而且更为可怪的是，如今群众既不从教会或国家的显贵人物那里，也不从名义上的领袖或者书本那里，取得自己的意见；而是让一些跟他们非常相像的人代其形成意见，那些人受一时之激，通过报章向

269

他们发表演说或直接以他们的名义发言。我并不是在抱怨这一切。我也并不认为，就一般情形而言，还有什么更好的事物能跟目前低弱水平的人类精神状态相容不悖。但是庸众的政府，终究逃不脱变成平庸政府的宿命。从没有一个民主制或一个多数贵族制政府，在无论政治行为还是在由其培养的言论、品质和精神气度上，曾经达到或者能够上升到平庸之上，除非拥有最高统治权的多数能令自己接受一个或少数几个拥有更高天赋和教养之人的劝导（在国运极盛时期他们总是这样做）。一切睿智或高贵的事物，其创始都出自且必定出自少数个人；而且一般说来最先总是出自某一个人。普通人的英明与光荣就在于能够追随这种创始，能够衷心响应那些睿智高贵之事，并且不顾一切毅然相从。我并不是在鼓吹那种"英雄崇拜"，欢迎由一个天才的强者强行攫取世界的统治权，让世人无论如何都要听命于他。[*]他所能要求的，只是为人们指出道路的自由而已。强制他人必须走他所指的道路，这种权力不但与其余所有人的自由与发展相违背，而且足以令强者自身腐化堕落。然而，如今仅仅由普通人组成的群众，其意见已成为或正成为无处不在的支配性力量，能够平衡和矫正这种趋势的，似乎只有那些思想高标之士不嫌其多的鲜明个性。特别是在这种情形之下，非但不应阻止，而且还应鼓励特立独行之士故意做出异于群众的

【 * 】 此处无疑参考了托马斯·卡莱尔的《论英雄、英雄崇拜及历史中的英雄气概》（*On Heroes, Hero-Worship, and the Heroic in History*）。——英文版编者注；严复谓此处作者意指拿破仑，可作参考。——译者注

行动。至于其他时期，仅仅行事怪异并无多少益处，除非他们所行不仅异于常人，而且比常人做得更好。而在如今这个时代，一项仅仅不屑苟同的先例，一种仅仅拒绝向习俗屈膝的姿态，其本身就是一种贡献。正因为舆论的专制已经令突破常规成为众矢之的，为要打破这种专制，恰需要人们做出反常之举。无论何时何地，若是其间饱含性格力量，怪癖行为也必定随处可见。而一个社会怪诞之行的多寡，一般说来也跟其所含创造才能、精神活力以及道德勇气的多寡恰成正比。今日敢于独行怪癖之人少之又少，正是这个时代大为可惧的标志。

既然习俗总是从非常之事发展而来的，因而有必要对不合习俗的东西尽可能给予最自由的发展空间，以便可以随时发现其中有哪些东西适合转成习俗，这一点已经明确。但是特立独行和蔑视习俗之所以值得鼓励，并非仅仅因其可以为更好的行为模式以及更值得普遍采纳的习俗能够脱颖而出提供机会；也并非只有智力确然超群之人才有依照自己的方式安排生活的正当权利。没有理由说一切人类生活都应该被一个或少数几个模型所铸造。如果一个人具备相当的常识和经验，其以自己的方式筹划生活，就是最好的，并非因为这种方式本身就为最好，而是因为这是属于他自己的方式。人类不同于绵羊；即便绵羊也不是完全相同而无从辨别。一个人休想拿到合体的衣服或鞋子，除非它们是根据他的尺寸定做的，或者有满满一仓的衣服或鞋子可供他挑选：难道让他适应一种生活竟比给他一件合体的衣服还要容易，或者人类彼此在整个身体和精神构造上的差异，竟比脚的形状差别还要小吗？即便仅仅以人们的品味爱好而言，其纷繁多样，已经构成不可企图用一个模子来塑造他们的足够理由了。更何况不同的人需要不同的条件以成就其精神发展；在一种相同的道德氛围和风气之下，人们不可能健康地生活，这正如所有各种各样的植物不可能在具有相同空气和气候的自然环境下健康地生存一样。同样一种东西，对一个人来说可以有助于其培养更高的品性，而对另一个人来说则可能就会构成障碍；生活方式亦然，同一种生活，对一个人来说是有益的刺激，可以令其行动力与感受力都发挥到最好的程度，而对另一个人来说则可能会成为遏制乃至摧毁其一切精神生活的繁重负担。既然人类无论在快乐源泉还是痛苦感受上，以及在不同的物质和道德力量对他们的作用上，都有如此多的差异，如果不是在他们的生活方式上也对应着相当的多样性，那么他们既不会得到应有的幸福，也不能将自身的智识、道德与审美能力提升到其天生所能达至的境界。然则，为什么只要关及大众情感，宽容就只能扩展到受大众支持而强令他人默从的生活趣味与方式而止呢？当然，（除了某些僧院机构）没有哪个地方完全不容人们有嗜好上的歧异；对于无论泛舟湖上抑或吞云吐雾，还是琴棋书画抑或体育运动，乃至埋头钻研抑或纸牌游戏等等嗜好，一个人都可以或喜欢或厌恶而不受责难，因为这些东西无论喜欢还是不喜欢的群体都太大了，谁也没有办法压制对方。但是有些人，尤其是女人，却会因为做了"众莫肯为"之事，或竟而不肯去做"众皆争从"之事而遭到谴责，简直就像犯了某种严重的道德罪行一样，成为讥评的主题。人们必须拥有一定的头衔，或其他表示地位的徽记，要不就是受到地位尊崇者的眷顾，才可以奢望稍稍纵其所欲而不致有损他们的声誉。我再重复一遍，是稍纵所欲而已：因为不管是谁，一旦再多放纵一点，都会引来比蒙受讥评更加厉害的危险——他们会陷入被鉴定为精神错乱的险境，乃至被剥夺自身财产而交给其亲属。[3]

271

目前公众舆论的趋向有一个特点，即对任何显著的个性流露都特别不能容忍。人群中的庸常之辈不独智力有限，其癖好倾向亦不鲜明强烈：他们根本没有足够强烈的嗜欲与愿望让自己投入任何非常之事，因此也就不能理解具有这种强烈嗜欲与

【3】 近年来，此类证据的运用既让人不齿，又让人觉得可怕，因为任何人都可以据此被依法判处不宜管理自己的事务，并且在他死后还要否定其对自身财产的处置，当然前提是其中一部分足够偿付诉讼费用，而诉讼费用的多少又取决于财产多寡本身。其日常生活的一切琐碎细节，都要被彻底调查，并且无论发现了什么，只要被那些理解和描述能力都低得不能再低的人，视作带有与绝对平常之物相异的迹象，就会被作为精神错乱的证据提交到陪审团面前，而且往往一举奏效；陪审员即便不是完全与那些目击者一样庸俗无知，也好不了哪去；而法官却也往往助其为错，因为他们对人性与生活的知识异常缺乏，英国法律从业者的这种知识贫乏一直令我们震惊。这些审判非常有力地说明了世俗对人类自由有着什么样的感觉和意见。这些法官和陪审员非但不会为个性确定任何价值，非但不会尊重个人在不关他人痛痒的事情上根据自己的判断和癖好自由行动的权利，甚至根本就想不到一个人在心智健全的状态下会渴望这种自由。过去，在有人提议烧死无神论者的时候，有着慈悲心肠的人们常常建议不如将他们关入疯人院，因为这样一来他们对这些倒霉分子非但没有施行宗教迫害，而且还采取了合乎人道与基督教精神的处置方式，而这些建议者也因此得到了想要的结果而未尝没有暗地里的满足；既然如此，如果我们今天还会看到这种做法，而且行为者还会因此自我夸赞，也就丝毫不足为怪。

愿望的人，而把所有这种人都归入他们素来表示鄙视的野人或狂徒之列。现在，除了这一普遍的事实，我们只需设想一下，一个旨在提升道德境界的有力运动便会到来，这显然是我们必须要面对的结果。如今这种运动果然开始了；在增加人们行为的规范性以及阻止行事偏激方面，它已经取得了很大的实绩；并且还到处表现出一种仁爱精神，因为对于仁爱精神的实践来说，再没有比提升同胞的道德与智虑水平更具诱人田地的了。当今时代的这些趋势，比以前大多数时代都更倾向于促使公众指定行为的一般规则，竭力要每个人顺从其所认可的标准。并且这种标准，明言也好，暗示也罢，就是要求对任何事物都不能抱有强烈的欲望。其理想的性格就是没有任何特出性的性格；就像中国女子的缠足一样，通过压制束缚来摧残人类天性中每一个格外出众的部分，务将总体上明显不同的个人驯服成毫无个性的平庸之辈。

由于理想之事的通常情形是，值得拥有的东西总有一半被排除在外，所以当前所认可的标准也就只能产生低劣的半截仿制品。其结果，无论受蓬勃的理性所引导的旺盛精力，还是受良善意志严格约束的强烈情感，都渺然而不可得，得到的只是淡薄的情感和衰颓的精力，因而其除了能坚持在表面上顺从规则之外，不具任何意志或理性的力量。堪配精力充沛的性格正日益变得因循蹈矩。如今这个国度里，除生意场以外，精力可谓几乎毫无出路。消耗在商业上的精力应该说还是相当多的。而商业消耗之外尚余的少许精力，才被用于某种个人爱好；其也许是一种对人有益甚或是可称善举的爱好，只不过终究是仅此一事而已，并且一般说来终嫌其格局太小。今日英国之伟大尽在集体，以个人而言实渺小不堪，我们之所以还能够产生任何伟大的事物，全在于还保持着联合行动的习惯；而对此我们的道德与宗教仁爱之士却感到心满意足。但是，英国之所以为英国，却不是赖这些人之力，而是有赖恰恰与之相反的一流人物，如今要避免英国衰落，也正需那另一类人物才行。

习俗的专制在任何地方对于人类的进步都是一种持久的障碍，因为它总是不断地反对志在发现优于习俗之物的那种气质，根据不同的情况，该气质或被称作自由精神，或被称作进步或改良精神。进步精神并不总是同于自由精神，因为它可能会将进步之事强加于未必情愿的民族；而自由精神，为抵抗这类企图，也会与反对进步者结成局部或暂时的同盟；但是进步唯一可靠和恒久的源泉却是自由，因为只要有自由，有多少个体，就可能会有多少个独立的进取中心。然而，进步的原则，不管它表现为爱好自由还是崇尚进取，其与习俗的统治权势总是相反对，起码含有要从那种束缚中解放出来的意思；而进步与习俗的斗争，就是人类历史主要利害关节之所在。确切地说，这个世界大部分地方都没有历史，因为那些地方习俗的专制都相当彻底。整个东方就是这种情形。习俗在那里是一切事情的终审裁决，所谓的公平和正义意指与习俗相一致；只要以习俗为理由，除了醉心于权力的暴君之外，就没有人还会想到反抗。而我们已看到它的后果了。那些民族必定曾经拥有过创造力；他们不可能一开始就生活在一块物阜民丰、文化昌明的土地上，而且凭空通晓多种生活技艺，这一切都是他们自己开创的，并由此将自己造就成当时世界上最伟大最强盛的民族。而他们现在又如何呢？竟成了异族的臣属或附庸；而当东方民族的先祖已经拥有了高堂大庙之时，那些异族的祖先还在丛林游猎穴居野处呢，只是对那些异族来说，习俗仅仅施行了部分统治，自由与进步亦作为规则与之并行不悖。看来，一个民族可能会在一个相当时期的进步之后，陷入停滞：然则停滞始于何时？必是在其不再拥有独立之个性的时候。如果相似的变化降临到欧洲各民族之上，其外在情形却不会完全一模一样：因为对这些民族构成威胁的习俗专制，恰恰不是静止不变。其排斥的是立异，却不阻止变化，只要是所有人一同改变。我们已经废弃了先祖既定的服饰；虽然每个人的穿着仍必须与他人一样，但款式时尚却可以一年变上几次。因而我们要注意的是，即便其有所变化，也只是为了变而变，而不是出于什么美观或便利的观念；因为同一种美观或便利的观念，不会在同一时刻为全世界所折服，也不会在另一时刻为全世界所一同抛弃。但是我们也不是只有变化而无进步：在机械方面我们不断有新的发明，并一力维持，直到它被更好的发明所取代；在政治、教育乃至道德方面，我们也未尝不孜孜以求改进，尽管我们关于道德改进的理想主要在于劝服或强迫他人跟我们一样。我们反对的不是进步；相反，我们还自我夸耀，说自己是古往今来最进步的民族。我们所不容者乃是个性：我们总以为只要我们将自己变得彼此完全相同，就是做出了惊人的奇迹；却忘记了一个人与另一个人的不同，一般来说正是最能吸引彼此互相注意的事情，他们会因此注意到自己的缺陷及对方的优点，也会因此有结合各自的长处而产生优于双方任何一个的新品格的可能。我们要以中国为前车之鉴。那是一个人才兴盛并且在某些方面极富聪明智慧的民族，以其难得的幸运，这个民族在草昧时代就有了一套特别优良的风俗制度，这几乎是一项即便最文明的欧洲人在一定限制之下也必须承认的圣哲之士开创垂范的功业。同样令人称奇的是，他们运用杰出的手段，竭尽可能地将他们所拥有的聪明睿智深印在社会的每一个人心中，并且确保最富智慧的人占据尊贵显要的高位。想必能有如此成就的民族已经发现了人类进步的秘密，必能使自己的行动稳居世界先列。然而恰恰相反，他们却从此变得静止不前，而且一停就是几千年；欲使其再有更进一步的改善，必得有赖于外人。使人民彼此完全一样，用同样的训诫与规则支配全体人民的思想和行动，正是英国的仁爱之士所勤求致力于之的希望，中国人在这方面取得的成功已然超乎于此，然而他们的结果却是如此糟糕。现代公共舆论一统天下的体制，正是中国教育和政治体系的翻版，只不过在形式上后者是有组织的，而前者是无组织的；除非个性总是能够成功地挣脱束缚而伸张自己，不然欧洲虽有恢宏的祖业和基督教的信仰，终将变成另外一个中国。

欧洲何以至今不至遭此命运？欧洲各兄弟民族何以成为人类的进取之群，而不为静止之邦？不是由于他们之中有着更为优秀的卓越品质，这种品质即便有，也是结果而不是原因；而是由于他们的性格与教养异常歧异多元。个人、阶级和民族，彼此之间都极为不同：他们开拓出大量各种各样的道路，每一条之通向都有其可贵之处；尽管在每一时期那些走上不同道路的人们彼此都曾不相宽容，每个人都认为最好是迫使其余所有人都走上他那一条路，不过他们阻挠其他人自我发展的企图几乎没有获得过持续的成功，而每个人也总是能够随时在忍耐之余，接受别人提供的好处。依我的判断，欧洲之所以能有其进步与多方面的发展，完全归功于多种多样的路径。但是它所拥有的这种益处，却已开始有相当程度的减少。它显然正在日益向千人一面的中国理想趋近。托克维尔在他最后一本重要著作中指出，今天的法国人甚至已经比上一代的彼此相像更为严重了。[*] 同样的批评也许可以在更为厉害的程度上用于英国人。在上文已经引述过的威廉·冯·洪堡的一段文字中，他指出有两种东西是人类发展的必要条件，因为那是令人们彼此相异所必需的东西，也就是自由与环境的多样化。这两个条件的后一个在这个国家中每天都在减少。围绕着各个阶级与个人并塑造着他们性格的环境正在变得日趋同化。从前，人们等级各异，邻里有别，行业与职业亦不相同，大家生活在一个可称相异的世界上；而如今，则在很大程度上生活在相同的世界上。与过

【*】 见托克维尔：《旧制度与大革命》（*L'Ancien Régime et la Révolution*），巴黎：1856年版，第119页。——英文版编者注

去相比，如今他们阅读相同的书报，耳闻相同的论道，眼观相同的事物，去往相同的地方，所抱有的祈望和恐惧指向相同的对象，享有相同的权利和自由，其主张权利和自由的手段也无往而不同。地位的差别尽管仍旧很大，但与已经消失的悬殊程度相比，也就微不足道了。何况趋同的势头仍在推进。当今时代的一切政治变迁都在推动着这种势头，因为其总是在将低者拔高，而将高者降低。教育的每一步扩展也在推动着它，因为教育将人们置于共通的影响之下，给了人们通往普遍事实和一般情感的门径。交通工具的改进在推动着它，因为它使远地的居民进入人际交往的范围，也使异地之间的迁居更加频繁。工商业的扩展也在推动着它，因为它使舒适环境的好处传布得更广，不管野心奢望的目标有多高，都在公开的普遍竞争之列，因而上升的欲望已不再只是一个特定阶级的特征，而是变成了所有阶级的特征。而比以上数者都更为有力地促动着人类普遍趋同的力量，则是国内大众舆论的支配地位在我国和其他自由国度的全面确立。过去人们只要托庇于他就可以置群众舆论于不顾的那些社会显要，已逐渐被拉平；而实际从政者一旦明确知道大众具有某种意志，其内心就连对抗大众意志的念头都再不会有；因此，也就再不会出现对唱反调的任何社会支持，也就是说，社会上再也没有了因反对单纯的数量优势，而愿意将那些与大众不一致的意见和趋势，纳入自己羽翼之下加以保护的实质力量。

所有这些因素结合在一起，就构成了敌视个性的绝大势力，让我们很难看到个性如何还能坚持下去。个性必然要忍受这种日益增加的困难，除非能让大众中的睿智者感到个性的价值，明白歧趋各异的个性纵然不是都好，甚至在他们看来有些还更坏，容许个性差异仍然是有益的。如果个性的权利还需要有所主张的话，那么现在正是时候，因为现在的力量尚不足以彻底完成强迫的同化。只有趁早才能成功占取对抗侵蚀的据点。要其余所有人跟自己一致的这种要求，会随着队伍的壮大而增长。如果要等到人类生活几乎被简化成一个统一的模式才去反抗，那么一切背离模式的做法都会被视作离经叛道，甚至被视为怪诞荒谬、有违人性。一旦人类日久不见歧异，则很快就会变得连想都想不到还有歧异这回事存在。

第四章

论社会权力之于个人的限度

然则，个人之于自己的主权，其正当界限在哪里？社会的 权力又该从哪里开始？人类生活，哪些应该听其自谋，哪些应该委诸社会？

如果个人与社会都有各自特别关切之事，它们就该接受各自固有的部分。凡是生活中大体关系个人利害的事情，就该属于个性；而凡是主要关系社会利害的事情，就该属于社会。

尽管社会并非立于契约之上，并且即便发明一项契约使各种社会义务尽出于此也于事无益，但既然每个人都受到社会的保护，就应该对社会有所回报，而且既然事实上每个人都要在社会中生活，就不得不在事关他人的行为上遵守一定的界限。首先，个人行为不得损害彼此的利益，更确切地说，不得损害法律明确规定或公众默示应予视作权利的正当利益；其次，为保卫社会及其成员免遭外侵及内乱，人人都须（在某种公平的原则下）共同分担此项必须的力役与牺牲。如果社会成员竭力拒绝履行这些义务，则社会就可以理直气壮地强制其履行而在所不惜。且社会可做之事不止于此。个人行为即便没有达到侵犯他人任何法定权利的程度，也可能会对他人造成伤害，或者因考虑不周而对他人不利。如此，则行事者虽不至于要受到法律的绳范，也理所当然地要受到舆论的制裁。只要个人行为的任何部分有损他人利益，社会对此就有了裁夺的正当权力，而这种干涉是否能够提高社会的总体福利也要成为公开讨论的话题。但是当一个人的行为，其利害仅止于自身而不关涉他人，或虽有影响也是出于他们自愿（注意这里所谈及的个人都是指已经成年且具有一般是非常识的人），则上述所论于此迄无用武之地。在一切此类情境之下，他们都该完全不受法律和社会的束缚而自由行动，并且自得其乐或自食其果。

若有人认定这是一种冷漠无情的自私论调，仿佛人类彼此在日常行为上毫不相干，因而除非事情关系一己利害，否则没必要互相关心他人立身行事的正当与幸福；这乃是一种大大的误解。为提升他人幸福的仁爱之举非但不该有任何减损，反而需要大大增加。但是这种无私的善行，自有劝诱之法使人乐于从事，不必非得用实际的鞭笞或舆论的挞伐。而在我看来，自爱之私德（self-regarding virtues）绝不容贬低，其重要性即便次于兼爱之公德（social virtues），也不至于相差得太多。对于这二者的培育，同为教育的职责。但是即便教育，其办法也有说服劝诱和强迫的分别，而且一旦过了学习阶段，私德的培养就只能通过说服劝诱的办法。人类之所以能够分辨是非进而避恶从善，实是有赖于彼此互相帮助和互相鼓励。人们也该永远互相砥砺，促进各自优异才能的发挥，提升各自的情操与志向，使人在目标与计划的方向上，日益鄙弃愚蠢而趋向明智，日益远离卑暗而向往高明。但是无论一个人还是一群人，都没有正当理由对另一个已届成年的人说，为了他自己的益处，他不可用其一生去做自己选定要终身从事的事情。因为对于一己之幸福，他自己才是最关心的人；除了关系最亲密的人之外，旁人即便有所关心，与他自己相比也是微不足道的；（除非他的行为波及他人）社会对他个人的关心也必是支离破碎且完全隔膜的；而对于自己的感觉与处境，纵使最普通的男人和女人，他们自己拥有的认识手段，也必然是任何旁观者所远不能及的。在个人仅仅关系自身的事情上，社会要推翻他的判断与意图而予以干涉，必定只能出于一般的揣测；这种揣测可能完全错误，而且即便正确，却也多半会被那些仅从外部判断因而不明就里的人，将这种一般揣测误用于个别情境。因此，在那些只关系行为者自身的人类事务中，个性应该有其正当的用武之地。唯有在那些人们相互关涉的行为上，才有必要让一般规则在大多数情况下都得到遵守，以使人们知道他们必须面对的后果是什么；但在每个人只关系自身的行为上，他的个体自主性就有权得到自由运用。旁人可以热心地助其判断，衷心鼓舞他的意志，乃至强行向他进谏，然而是否采纳必须取决于他自己。一个人因不顾劝说与提醒而可能犯下的所有错误，跟容许别人强制他去做他们认为于他有益的事相比，其为害要远轻得多。

我的意思并不是说，一个人留给他人的观感，无论如何不该受到他自我对待的私德好坏的影响。这既不可能，又不可取。如果他具备自求多福的杰出品质，那么他在这点上理应受到赞赏。他也更接近于人类本性理想的完美之境。如果一个人非常缺乏这类品质，那么对他来说与赞赏相反的观感必将随之而

278

来。又如果他的品行不仅愚蠢，甚至到了可称卑污下贱（虽然如此措辞可能会招致非议）的程度，纵使人们没有理由对他加以惩罚，这样的人也必定会成为人们厌恶的对象，在某些极端的情形下，甚至会被人唾弃：因为一个品行高洁之人无法不对此抱有厌恶鄙视之情。一个人虽然没有伤害任何人，其所作所为却也会让我们不得不将他判为蠢材或视为次品；而既然他对蠢材或次品的判定和观感避之唯恐不及，那么当其又要以身犯傻之时，事先告诫他如此可能会招致新的令人厌恶的后果，这是对他大有帮助的事。的确，如果人们可以更自由地提供这种善意，而不囿于当前通行的礼貌观念，如果一个人可以忠实地为别人指出他认为的错误，而不被视为无礼冒犯或自以为是，无疑是更为有益的事。虽然任何人的个性都不应该被压抑，但我们还是有权通过各种方式表达我们对他们的反感，这是我们自己个性的表现。举例来说，我们不必非得跟他交往，我们有权不屑与之为伍（只是不必大肆宣扬这种不屑），因为我们有选择交友的权利。我们有权利，或许也有义务，告诫别人不要与他来往，如果我们认为他的举止或谈吐可能会对和他结交的人产生有害的影响。我们也可以在提供善意的帮助时，优先选择别人而不选择他，除非这种善意可以帮助他改善自身。一个人的缺陷虽然仅直接关系自身，却可能会受到周遭之人以上各种形式的严厉惩罚；但是他所受的这些惩罚，仅仅是这些缺陷自然甚至可说是自找的结果，而不是人们为了惩罚而有意地强加于他。一个人如果性格轻率鲁莽、顽固倔强、刚愎自用，不懂得量入为出，放纵于有害的嗜好而不知节制，只知追求兽欲的满足，对情感与智性的享受不屑一顾，则他必须面对的是众人对他的不齿，也几乎不会博得什么人的好感；对此他没有权利去抱怨，除非他在自身的社会关系内以特别杰出的才华赢得了众人的好感，并以此建立了取得他们善意帮助的资格，从而不受他个人缺陷的影响。

我所争辩的是，如果一个人的某些行为和某些性格，利害仅仅关系自身，而不会影响到与他交往的人，则他遭受的最大麻烦，必须限于众人的讥评以及随之而来的不便为止。如果他的行为伤害了他人，则需要完全不同的对待。对于像侵犯他人正当权利，无故越权令他人遭受损失或伤害，与别人交往诡谲不信、两面三刀，不顾公平或有失宽厚地乘势压人，乃至临危袖手见死不救等行为，人们完全可以施加道德谴责，甚至在严重的情况下亦可以施以道德报复或道德惩罚。而且不仅这种行为令人不能容忍，其所以为恶的性情严格说来也是不道德的，同样可以成为人们不喜欢乃至憎恶的恰当对象。暴戾残忍、阴险恶毒、嫉贤妒能（这是所有人类情感中最反社会且最让人不齿的）、虚伪狡诈、为不值当的事暴跳如雷、受了一点刺激便大为光火、喜欢高居他人之上、一心贪图非分之利（即希腊人所谓贪婪[πλεονεξία]）、为压低他人抬高自己而洋洋自得，以及一切以自我及自我所属为重心并依一己私利决定所有未决之事的唯我主义——这些都是公德上的缺陷，它们构成了卑劣可憎的道德性格：这与前面提到的自我对待的私德缺陷不可同日

279

而语，那些缺陷严格说来不能被视作不道德，并且无论它们达到什么程度，都不会构成罪恶。一个人的私德缺陷可以作为他愚蠢不堪或缺乏人身尊严和自我尊重的证据，然而只有当他违背了必须善待自己才能履行的对他人的义务之时，私德缺陷才能成为道德谴责的对象。所谓个人对自己的责任，不是社会义务，除非情况使得个人责任同时成为对他人的义务。个人对自身的责任这一说法，如果还有比谦恭谨慎更多的意思，也只能是自尊自重与自我发展，并且不论如何这些东西都没有必要向同胞负责，因为其事跟他必须要向人们负责的人类利益毫无关系。

一个人可能会因私德上失于审慎或缺乏自尊而为他人所不屑，也会因触犯了他人的权利而受到惩罚，其间区别绝不可以道里计。在他冒犯我们的事情上，我们是否有权利对他进行控制，决定了我们以什么样的态度和行为对待他的巨大分别。如果他仅仅使我们不高兴，我们可以表达对他的厌恶，还可以远离他以及他让我们不快的事；但我们不必非得破坏他的生活。我们只要反思一下，就可以知道他已在承受或将要承受他的罪错带来的全部惩罚；如果他已经由于处置失当而毁掉了自己的生活，职是之故，我们不必再去落井下石：与其再施惩处，不如努力施救以减轻他的痛苦，告诉他应该怎样避免或补救他的行为带给他的灾祸。我们可以可怜他乃至厌恶他，但是愤怒或怨憎则不必；我们不能将他视为社会的敌人；即便我们不打算通过对他表示关心而进行善意的干预，我们合乎情理的最极端做法也不过是任其自作自受。可是假如他不论只身一人还是伙同他人集体行动，而违反了为保护其同胞安全的必要规则，事情就大为不同了。因为这时他所作所为的恶果，就不再是自己来承担了，而是落到了其他人头上；而社会作为全体成员的保护者就必须对他施以报复，必须让他痛苦加身以示惩罚，并且还得注意让惩罚足够严厉。在这种情况下，他是我们庭上的犯人，我们不仅要当仁不让地坐下来对其审判，而且还得在这样或那样的形式下执行我们的判决；而在此外的另一种情况下，对他施加任何痛苦都不属于我们的正当范围，当然得除开我们在运用同为他所有的自由而管理自身事务时偶尔会带来的误伤。

这里我指出了一个人生活中只关自己的部分有别于涉及他人的部分，对此许多人肯定不会认可。他们会问：既然人人都是社会的一员，那么一个人的行为怎么会有任何部分与他人漠不相干呢？既然没有人可以完全离群索居，因而一个人如果做了任何严重或永久伤害自身的事，其恶果不可能不波及他人，至少家人亲友会遭到连累，而且往往伤害范围不止于此。如果他将自己的财产大肆挥霍，则那些直接或间接需要这些财产扶养的人必会受到伤害，而且社会的总财富通常也必会因此多少有所减损。又如果他因放辟邪侈而斲丧身心，则他不仅给所有某些幸福须依恃于他的人造成了痛苦，而且失去了为同胞之公益尽其义务的资格；还有可能成为同胞仁爱与慈悲之心的负担；如果这种行为频频发生，将没有任何罪孽比它能更多地侵蚀人类的总体福利。最后，还有人会说，纵使他的罪恶或愚蠢没有直接伤害到别人，他的榜样力量仍然是有害的；为使某些人不致因看到或知道其所作所为就有可能堕落或误入歧途，我们也应当强迫他控制自己。

有人还会进一步追问：即使不当行为的后果仅限于卑劣或没心肝的个人自身，对那种显然不配指导自己的人，难道社会就该听凭他们放任自流吗？如果人们公认应该对孩童和未成年人予以保护以防其伤及自身，那么对那些同样没有自治能力的成年人，社会为什么就一定不能给予同样的保护呢？既然赌博酗酒、纵欲滥淫、懒惰污秽等行为，如同法律所禁止的大多数恶行一样，既有害于幸福又大大妨碍进步，那么（有人就许会问）在既切实可行又合乎社会便利的条件下，为什么法律不能对它们同样力图制止呢？而且，法律难免有不足之处，而舆论作为法律的补充，难道不该起码要组织强大的警力，用以防止这些恶行并对那些确实犯有恶行的人施以严厉的社会惩罚吗？（有人还可能会指出）这里不存在任何压制个性或妨碍生活试验创新的问题。它要制止的只不过是自有人类以来一直都被竭力谴责的事，是被经验一再显示对任何人个性的培养都既无帮助又不适宜的事。一种可被视为已确立起来的道德或智虑的真理，必然要经过长时间的累积验证；而社会之所以需要它，不过是让后代人不至在先辈已经栽过跟头的沟壑面前重蹈覆辙。

我完全承认，一个人做出的自我伤害行为，可能会通过心理同情和利害牵涉，严重影响与他有亲密关系的人，而且一般说来也有可能影响到社会，虽然程度较小。当一个人对他人负有明晰而确定的义务，却由于这种自我伤害的做法而违背放弃之时，则事情已经超出了涉己行为的范围，而成为必须接受道德谴责的恰当对象。譬如，如果有人由于放纵奢靡，以致无力偿还债务，或已有家室对家人身负道德责任，却由于同样的原因，以致无力扶养家人或教育子女，他当然应该受到谴责，也可以被正当地施以惩罚；但是谴责或惩罚的理由，只能是他背弃了对家庭或债权人的义务，而不能是奢靡行为本身。假如这些本该用之于家庭的财富，因被移作哪怕最有远见的投资而导致老无所依、幼无所教，其间的道德罪愆也将是完全一样的。乔治·巴恩韦尔为了给情妇弄钱，谋杀了自己的叔父，但是即便他谋财害命是为了自己在商业上建功立业，他也同样应该被绞死。[*]此外，一个人往往会因为耽溺于某些恶习而使全家受苦，那对他的刻薄寡恩就该给予谴责；即便他养成的爱好本身并无害处，但却会给那些跟他共同生活的人或身心健康须依恃于他的亲人带来痛苦，他也该受到同样的谴责。不管是谁，如果对那些一般应予尊重的他人利益和情感未予尊重，其所行既非受某种义不容辞的义务所驱使，也不属于自我优待可允许的正当范围，那他都要因所行而成为道德谴责的靶子，但是谴责的理由在于结果而不在于原因，更不可无限地追本穷源，诉之

【*】 事出英国剧作家乔治·李洛（George Lillo）著名的散文体家庭悲剧《伦敦商人》，该剧又名《乔治·巴恩韦尔传奇》(*The London Merchant or, the History of George Barnwell*, London：Gray, 1731)。——英文版编者注

于他身上那些仅仅关乎自己的过失。同理，当一个人纯粹涉己行为的结果，是令自己无力履行对大众应尽的确定义务之时，他就是对社会犯了罪。譬如，不能仅仅因为醉酒而惩罚任何人；但是如果一个当值的士兵或警察喝得醉醺醺的，就应该受到惩罚。总之，无论何时，只要某人的所作所为对个人或公众造成了确定的伤害，或有伤害的确定危险，事情便超出了自由的范围，而宜为道德或法律所过问。

但是如果一个人的行为既没有违反对公众特定的义务，除自己外也没有对任何确定的个人造成明显的危害，而对于社会的损害又仅属偶然，有时这种所谓损害甚至是欲加之罪；那么这一点点不便社会尽可以容忍之，以收取人类自由的更大利益。如果成年人要为未能自我检束而受到惩罚，那么我认为，与其借口说这是为了防止其斫丧自身以致无力回报自身所受社会之益（社会也未自认有权利强求非得有所回报不可），不如直接说是因为他有不加检点的地方才予以惩处。但是我的意思也并不是说，好像社会对那些不成器的成员，除了静待其做出悖理之事尔后再予法律或道德惩罚之外，便毫无办法将他们提升到理性行为的一般标准。在他们生活的整个早期阶段，社会对他们都有着绝对的权力：整个儿童和少年时期，社会都在尝试是否能让他们有能力过上理性的生活。既然上一代人不但是督责下一代人的师长，而且控制着他们生活的全部环境，那么，如果上一代确实没能让下一代变得绝对聪明良善，那是因其自己在聪明良善上就令人遗憾地有所欠缺。

不过，虽然人们殚精竭虑去培养的个例未必就是最成功的那一个，但却完全能够让下一代作为整体跟自己这一代一样好，并且可能还会比自己这代稍好一些。如果社会让相当多的成员在成年之后仍然还像孩童一样，对自己长远的生活目的不懂得做理智的考虑，则社会本身就要对这一结果承担罪责。既然社会不但垄断着一切教育的权力，而且拥有公认意见的权威带来的支配优势，总是左右着那些最不配自我决断的头脑；再者，社会还可以通过人们对相识者的厌恶和鄙视，使惩罚自然而然地落到他们头上而无可抵挡；那么，除此之外，社会对只关涉个人自身的事情，就不必再自命有发号施令并强制服从的权力了吧，因为这些事情，从一切公理及策略上说，都应当由承担其后果的人自己去决定。施教化人而不得其法甚至手段拙劣，往往会适得其反，其败坏教化本身的名声，使较好的教化之法再也无法发生影响他人行为的效用，莫此为甚。在社会企图强行要其谦虚谨慎或自我克制的人中，如果有任何人具备可以造就强烈而独立的个性的材质，那他无疑都会反抗这种束缚。这样的人，在只关他自身的事情上，必不容他人像必须阻止他伤害别人那样有权加以管束；而公然与这些僭越的权力作对，故意夸张地去做恰与禁令相反的事情，也很容易被视为魄力或勇敢的标志；就像清教徒极端的道德不宽容，反而导致了粗野的风气继之在查理二世时代大行其道一样。至于说到有必要保护社会不受邪恶或放纵之徒所树立的恶劣榜样的影响这一点，我同意恶劣榜样的确会发生有

283

害的影响，尤其是那种对别人有害而施害者却不受惩罚的榜样更为可虑。但是我们这里说的是对别人无害而被认定会对当事者自己构成较大危害的行为：我不知道那些相信这一点的人，除了必定会认为这样的榜样总体说来有益无害外，还能有别的什么想法；因为如果这种榜样确实表现出行为不当，那只要对它加以公正的谴责，则在全部或多数情形上，也必会显示出随之产生的痛苦或可耻的后果，而被意欲模仿者引为前车之鉴。

然则反对公众干涉纯粹个人行为的最大理由在于，公众不干涉则已，一旦有所干涉，则往往错谬百出，且动辄干涉他们所不应干涉的事。在事关社会道德以及对他人的义务等问题上，公众的意见，或者说支配性的多数意见，虽也会常常犯错，但仍可能对多而错少；因为在这类问题上，他们只需判断他们自己的利益；只需判断如果放任某种行为发生，他们自己将会受到怎样的影响。但是在个人只关自身的行为上，如果将同样的多数意见作为法规强令少数人遵从，则是对是错极有可能各占一半；因为在这类事情上，大众意见充其量不过是以某些人的看法为他人做出利害判断；甚至往往连这点也称不上，大众以绝对漠视的态度，对行为遭谴责者之快乐或便利与否完全置之不理，而仅仅顾念他们自己的好恶而已。许多人都会把那些他有所反感的行为举止视作对自己的伤害，并因其侮辱了自己的感情而对之憎恨不已；这正如一个盲从迷信的教徒，在被指责漠视他人的宗教感情时，惯见地反唇相击，那倒是别人因坚持某种可憎的信仰和教条而轻慢了他的感情。一个人觉得有必要坚持自己的意见，而另一个人却因他的这种坚持而觉得受到冒犯，这两种感情之间毫无共通之处，正如一个想偷取钱包的窃贼和想保住它的本来物主的愿望毫无共通之处一样。而一个人的情趣嗜好也跟他的意见或钱包一样，是他自己特有的关切之所在。设想存在一种理想的公众，在所有是非未定的事情上，决不干涉个人的自由和选择，唯独对于那些已被普遍经验确定为祸端的行为方式，要求人们不可过犯，这种想象对任何人来说都是很容易的事。然而我们何曾看到公众为其审查范围设定284过任何此类限制？或者何曾看到公众为所谓的普遍经验费过心神呢？实际上当大众对个人行为进行干涉时，莫不以自身为标准而断定那些不同于己的做法和想法为罪大恶极；而绝大多数道德家和哲学家，也在经过简单装扮之后，把这种判断标准作为宗教或哲学指令抬到人们面前。他们教导说：只要我们已经问心无愧，确定事情是对的，那它就是对的。他们告诉我们，要遵从自己的内心灵明，从中寻求约束自己和他人的行为法则。可怜的人们，除了谨遵教诲，在一旦大家差不多基本一致同意之时，就把自己的善恶之感当成对全部世人必尽的义务，还能做些什么呢？

如果说这里所指出的祸害并非仅仅出于理论上的想象，那么人们可能就会期望我举出具体的事例，来说明在如今这个时代的国家里，公众是如何为道德法则不正当地打上了自己好恶的印记的。本文所论本不是当前道德情操有何偏失的问题，况且这一主题事关重大，绝非一二穿插解释与事例说明所能论述明白。然而为了表明我所坚持的原则有着严肃和实际的紧要性，而不是在为一种想象中的祸害危言耸听，看来事例还是必不可无的。何况通过大量的例证，也就不难看出人们总是希望扩大所谓道德监督的界限，直至它侵犯到最无疑义的个人合法自由为止，乃是根源于人类一种最普遍的道德倾向。

先以宗教礼仪为例，想想人们仅仅因为别人有着跟他们不同的宗教意见，不奉行他们的宗教仪式，尤其是不遵守他们的宗教禁忌，而绝无其他更好的理由，便会怎样抱有一种无名之火吧。举一个稍嫌琐屑的例子，在基督徒的信仰和习惯中并不忌讳吃猪肉，而恰恰正是这一点招致了伊斯兰教徒莫大的憎恶。而伊斯兰教徒对待这种充饥方式的态度，也恰恰最能引起基督徒和欧洲人更为不加掩饰的反感。首先，这种习惯当然是冒犯了伊斯兰教徒的宗教禁忌；然而这不足以解释他们的憎恶程度和性质；因为饮酒也是他们的宗教禁忌，但是饮酒虽被所有伊斯兰教徒视为过失，却没有达到憎恶痛恨的程度。相反他们对那种"不洁动物"之肉的厌恶，却有着一种颇似出自本能的反感；而这一不洁观念一旦彻底深入人心，就在那些个人习惯称不上有多清洁的人中，也总是会激起他们的热情；那些毫无宗教清洁观念的印度教徒，也对此极端反感就是一个绝好的例子。现在假设某一民族，伊斯兰教徒居大多数，那么这一大多数必定会坚持在整个国家内禁食猪肉。这在伊斯兰教国家里

285

往往也不是什么新鲜事。[1]这能算是公众意见作为道德权威的合理运用吗？显然不是。那么为什么不是？这一习惯的的确确冒犯了那里的大众，并且大众也真心诚意地认为这种习惯必为天神所不容。但却也不能将这一禁忌当作宗教迫害来谴责。这种禁忌虽可能根源于宗教，却不是什么宗教迫害，因为任何人的宗教定然不会以吃猪肉为其义务。然则，唯一说得过去的谴责理由就应该是，对于个人品味以及仅仅关系个人一己之事，公众根本不该干涉。

下面转向一个距离我们较近的例子：西班牙尊奉罗马天主教，如果国内有人以不合天主教规定的方式来礼拜上帝，就会被大多数西班牙人视为对上帝的大不敬，是对上帝最大的冒犯；因而在西班牙国境内，没有任何其他形式的公开礼拜是合法的。在所有南欧地区的人们看来，如果身为教士却有婚配，那他就不仅是亵渎了神灵，而且会被认为有失贞洁、淫邪秽乱而令人不齿。对于天主教徒以这种完全真诚的感情，驱使自己去反对一切有违天主教的东西，不知新教徒会作何感想？进而，如果对于个人不关他人利害的事情，人们有理由互相干涉彼此

【1】 孟买帕西人（Parsee）的情形就是一个奇妙而又恰当的例子。这个勤劳勇敢的部族是波斯拜火教徒的后裔，他们为逃避哈里发的统治从祖国迁徙到印度西部，当时的印度君主允准宽容他们，条件是不许吃牛肉。后来，他们居住的这片土地落到了伊斯兰教征服者的统治之下，帕西人继续受到恩待，条件是不许吃猪肉。最初这些禁忌不过是对当局的顺从，后来却变成了他们的第二天性，至今帕西人仍然禁食牛肉和猪肉。虽然这种双重禁忌不是他们自己的宗教信仰所要求的，但是却随着时间的推移成为他们部族的习俗。在东方，习俗无异于宗教。

的自由，那么根据什么样的原则，才能不致自相矛盾地排除上述做法呢？或者，如果人们认定那些事情无论从上帝还是人类角度都可被视为公愤，因而意欲压制，那么谁有资格能去责备他们呢？没有什么比出于卫道的热情，更能让人们去禁止任何可被视作个人背德的事情，因为在他们心目中那些行为乃是亵渎神灵因而必须予以压制；而我们若不愿意采取迫害者的逻辑，说什么因为我们正确而别人错误，所以只许我们迫害别人而别人不得迫害我们，那我们对所认可的原则就必须慎之又慎，以防一旦应用到自己头上，我们就会像个冤主一样去抱怨。

对于上述事例，有人还会强词夺理地反驳说，这些本就是或然之事的情形在我们这里是不可能发生的：英国的舆论还不至于强令人们禁止食肉，也不至于要根据大众的信仰或好恶去干涉人们的礼拜方式，或干涉他们能否婚配。既然如此，让我再举一个我们绝不能说已脱离其全部危险的干涉自由的例子。无论何时何地，但使清教徒具备足够的势力，如在共和时代[*]的新英格兰和大不列颠，他们都会竭力并往往相当成功地取缔一切公共和私人的娱乐活动，尤其是音乐、舞蹈、竞技或其他以消遣为目的的聚会、戏剧演出。如今在英国，其道德和宗教观念认为此类娱乐有害于人心而应当禁止的人，仍不在少数；而且这种人多属中产阶级，在大英王国当前的社会和政治情境

【*】 指1649—1659年克伦威尔统治时代。——译者注

下，他们的势力正在上升，因而抱有这种看法的人迟早有一天会在议会中成为掌握支配权的多数，这绝非什么不可能之事。一旦这些极端苛刻的加尔文教徒和卫理会教徒，在宗教和道德情感的驱使之下，对除他们之外的社会余众本可享受的各种娱乐活动加以规制，则身处此境的人们不知会作何感想？难道不该断然要求这些爱管闲事的虔诚会员管好他们自己的事就得了吗？任何政府和公众敢于妄称没有人可以享受他们认为不正当的娱乐，正该如此予以回敬。但是如果承认了它据以妄行僭越的原则，那对于根据国内多数人或其他主要强势意见所做出的行动，将没有人再能够合法地予以反对；一旦那个跟早期新英格兰殖民者相似的宗教信仰，像很多已被认定衰落却往往死灰复燃的宗教那样，有一天重新赢得失去的领地，那等待我们所有人的命运，就是必须准备好遵从那些早期殖民者所一心向往的基督教共和国理想了。

再来想象一件更有可能易于变为现实的或然之事。当今世界在社会的组织形式上显然有一种日益向民主迈进的强劲趋势，不管它是否同时伴随着平民政体的出现。据称，在这种趋势实现得最为彻底的美国，不论社会还是政府都已是最民主的了，在那里，任何超出常人有望能及的奢华生活，都会为多数人所不喜，多数之观感就像一种已被默许且颇为有效的限制消费的法令，使得在合众国的许多地方，一个人即便拥有不菲的收入，却也极难找到一种不致引起大众侧目的消费方式。尽管这种说法跟实际情形相比无疑有些言过其实，但一旦再加上公众对个人如何消费自己的收入有权予以否定的观念，则他们所描摹的事态就已不止是想象和可能的后果了，还会是这种民主式情感差不多的真实后果。而如果再想到社会主义者的言论已经广泛传布，那么拥有超过温饱的财产或超出手工劳动所能挣得的收入，在大多数人眼里就更会变得可耻可憎。而大体与此相同的舆论，已在技工阶层中间广泛流行，并且沉重地压在其阶级成员的心上，这些人尤其易受本阶级舆论的引导。众所周知，在很多工业部门中，工人都是巧者少而拙者多，拙劣工人凭其多数权坚决主张，他们应当获得跟熟练工人一样多的工资，并且还不允许通过计件法或其他什么方式，让任何人以其所有而他人所无的熟练技巧或勤劳挣得更多的工资。他们还使用道德惩罚，有时竟直接变为人身惩罚，来阻止熟练雇工与工厂雇主采取多劳多得的薪酬原则。如果公众对个人私事有权予以管辖，那我就不知道这些人错在哪里，又如果一般公众坚称有权干涉一般个人行为，那我也就不知道，为什么还要对某一特定公众向组成它的个体行使同样的权威进行责怪呢？

但是即便不提这些假设的事例，就在我们当前所处的这个时代，也有着众多严重侵犯私人生活自由的事已经实际发生了，而且还有预计会被成功实行的更为严重的侵犯在威胁着人们；有些舆论已经提议，应该赋予公众无限权利，不仅可以用法律禁止一切他们认为不当的事情，而且为了达至禁止所谓不当之事的目的，可以矫枉过正地禁止公众本身也承认根本无错的任何事情。

在某个英属殖民地以及在美国几乎半数地区，以预防酗酒的名义，法律禁止人民在医疗目的之外使用任何一种发酵酒精饮料；因为禁止售卖实际上就是他们想要的禁止使用。美国采纳禁酒令的几个州，包括禁酒令因之得名的那个州[*]，已因该法窒碍难行纷纷予以取消；而在英国却犹有许多号称仁爱之士，以极大的热情继续推进，试图鼓动在这个国家制定同样的法令。他们为此组织协会或如他们自称的"同盟"，但在同盟公开宣传其书记与一位公众人物（他是英国少数几个坚持政治家应当根据原则发表意见的公众人物之一）的通信后，已经招致恶名。[†]斯坦利勋爵之成为此次通信的对象，是因为那些人深知勋爵在公开场合中所表现出来的长处，绝非一般政治人物生涯中那点可怜的表现所能及，所以想要以此增强早就倚重于他的希望。同盟的这位喉舌在写给勋爵的信中声称，他"对有些原则确实可被曲解为是在为盲从与迫害行为辩护深表遗憾"，并一口保证同盟的原则与那类原则存在着"清晰而不可逾越的界限"。他说："依我看，一切有关思想、意见、良心的事情，都在立法范围之外；而一切有关社会行为、社会习惯、社会关系，其抉择权只能赋予国家而不能赋予个人的事情，则在立法范围之内。"但他显然漏掉了与二者都不相同的第三类事情，即不关社会而仅及个人的行为与习惯，尽管饮酒毫无疑问

288

【 * 】 即缅因州，美国最早禁酒的州，禁酒令即称Maine Law。——译者注
【 † 】 见《下院议员斯坦利勋爵与英国酒类禁售同盟》，载《泰晤士报》，1856年
　　　 10月2日第9—10版。——英文版编者注

就属于这类情况。他或者会说，无论如何售卖酒类饮料都属于经营活动，而经营活动是一种社会行为。但这里应该回敬他的是，禁酒首先侵犯了购买者和消费者的自由，而非侵犯了售卖者的自由；因为国家有意让人无从买到酒类饮料，跟索性禁止人们饮酒其实毫无区别。然而，这位书记大人却说："无论何时，只要我的社会权利受到他人社会行为的侵害，我作为一个公民，就有要求立法的权利。"那么现在且看看他是如何定义这种所谓的"社会权利"的。"如果要问有哪些事情侵犯了我的社会权利，那么烈酒买卖无疑就是其中一例。它破坏了我最基本的安全权利，因为它经常制造和助长社会的紊乱。它还破坏了我所享有的平等权利，因为它一手制造穷困，一手却要我纳税扶贫让其从中获益。它还妨碍了我在道德与智力上自由发展的权利，因为它在我的道路周围布满危险，社会风气也会因之颓丧和堕落，使我应享的互助与交流之益化为乌有。"[*]像这种"社会权利"理论，此前可能从未得到如此清晰阐述：它无非是说，每个个体都能要求其他个体事事做得合其心意；有谁哪怕在最细微之处不合其意，都是侵犯了我的社会权利，遂使我有权要求立法机关解除这种不平之苦，这就是所谓的绝对社会权利。如此荒谬不堪的原则，将远比任何一二侵犯个人自由的事都更为危险；它使任何侵犯个人自由的事都变得有了正当

【＊】 萨缪尔·波普：《致斯坦利勋爵的信》，载《泰晤士报》，1856年10月2日第9版。——英文版编者注

的理由；它根本不承认个人有任何自由权利，可能只有将意见深藏于心、秘而不宣的自由是其例外，因为一旦某个我认为有害的意见被人宣之于口，就立刻侵犯了"同盟"赋予我的全部"社会权利"。在这种理论之下，全体人类对彼此的道德、智力乃至躯体的完善都互相负有不可推卸的责任，而何为完善又要由每个要求者按照自己的标准来定义。

还有一个不当干涉个人合理自由的重要事例，其成功实施素来已久，绝非仅只威胁而已，那就是严守安息日的规定。虽 然在宗教上除犹太人外，完全没有遵守安息日的义务，但只要于生计无妨，每个星期能有一天摆脱日常工作，毫无疑问不失为一个非常有益的习俗。而且，鉴于如无勤劳阶级的一致同意这一习俗就得不到有效遵守，故而，在一些人工作就迫使其他人不得不工作的情况下，由法律禁止工业在特定之日大规模作业，来保证人人都能遵守这一习俗，这种做法就是可允许而且正当的。然而，这一辩护是根据每一个体是否遵守这一惯例于他人有直接利害关系而做出的，它不应该用于个人自愿利用其闲暇工作的自由职业，更根本不能用于为立法限制娱乐活动辩解。诚然，某些人的娱乐就是另一些人一天的工作；但是多数人的快乐，且不说还是一种有益的休养生息，值得少数人付出劳动，只要这种职业是自由选择并且是可以自由放弃的。工人完全可以认为，如果安息日大家都去工作，势必要以六天的薪酬而做七天的工作；但在大多数职业停工之余，对少数为了他人娱乐仍须工作之人，大可相应增加他的收入；况且，如果他宁可休闲而不稀罕薪酬，那些活他也尽可以不干。又不然，也另有补救之法，对于那些从事特殊职业的人，可以选择一周中的其他日子定为其休假之例。因此，可为安息日禁止娱乐活动辩解的唯一理由，归根结底只能是说它在宗教上有失正当了；而对于这样的立法动机，无论怎样去反对，都是不嫌过于较真的。罗马古语有云："得罪于神者，神将自罚之。"[*]如果人们所行于同胞本无所伤，却被认定冒犯神灵，则社会或社会的某位执事是否有权凭借受之于天的使命对其进行报复，是尚有待证明的事。以自己所信之宗教强令他人信奉，这种义务观念是历来一切宗教迫害的基础，而如果对这种观念予以认可，就完全坐实了所有迫害的正当性。如今有人一再企图停止在星期日运行火车，反对在星期日开放博物馆等等，此中情感虽不如旧日那些迫害者残忍，而其心理状态则根本并无二致。那便是这样一种决心：如果某事为我教之所禁，即便其为他教之允行，也必不容他人去实行；那便是这样一种信念：上帝不但要怪罪那错误信仰者的行为，如果我们任他而行，则就连我们也是有罪的。

290 　　我已经不厌其烦地举了这么多人类自由常被蔑视的例子，但还是忍不住要再加上一个，那就是每当我国的媒体觉得有必要关注那种异乎寻常的摩门教之时，总是会爆出肆无忌惮的迫

【*】 Deorum injuriæ Diis curæ，语出古罗马皇帝提比略（Tiberius）；参见中译本《塔西佗〈编年史〉》，商务印书馆，1981年，第61页；译文采自严复旧译《群己权界论》。——译者注

害言辞。摩门教创始者并无过人之姿以树其威望，却以自称的新启示和建基于其上的新宗教这样一个明显系属骗局的东西，赢得了数十万人的信仰，并在报纸、铁路、电报已经盛行的时代，奠定了它的会社基础，其事确实出人意料，并且足以值得我们深思。我们要注意的是，这一宗教也像其他更好的宗教一样，有其殉道者；它的先知和创教者已因其教义而被暴民击杀；其他拥护者也被同样无法无天的暴行夺去性命；其教众已被全体强行驱逐出生于斯长于斯的故土；如今他们已被赶至人迹罕至的不毛之地，而在英国犹有许多人公开宣称，（要不是因为不方便）理应派遣一支讨伐他们的远征军，用武力强迫他们遵从别人的意见。摩门教义之所以引起英国人强烈的抵触，而令他们突破宗教宽容的一般限制，主要是因为其中有一条认可了一夫多妻制；尽管多妻制也被伊斯兰教徒、印度人和中国人所准许，但一旦被说英语的且自认是基督教一支的人奉行，似乎就会激起怒不可遏的憎恶。没有人会比我对摩门教这一制度更加深恶痛绝；且不说其他原因，只因它将社会一半成员身上的锁链紧紧钉死，而将另一半从男女互相扶持的义务中解脱出来，就远非自由原则所能容许，而且还是对自由原则的直接侵犯。不过，仍须记住，这种关系跟其他任何形式婚姻制度下的情形一样，是被认为在其中受苦的妇女自愿的事；并且这种事情无论显得如何不可思议，都能从世人的普遍观念和习俗中得到解释，世人既然教导女子无论如何总得嫁人，那许多女人宁愿与人共侍一夫而不愿根本不能为人妻室，也就不是什么很难理解的事了。况且人家并未要求其他国家认可这种结合，或者要求他们依照摩门教徒的意见将某一部分国民置于他们的法律之外。然而，既然那些异端在他人的敌视态度之下，已经做出了远远超出所能合理要求于他们的让步；既然他们已经离开了不能接受其教义的故土而避走他乡，不得不在遥远的大地一隅辟地自容，创榛辟莽，一切从头开始；而且他们既未侵犯其他民族，又完全允许不满他们生活方式的那些人自由离开，可人们还是不容他们在自身想要的法度下安生乐业，除了暴政原则外，实难看出还有什么原则能支持如此做法。近来又有一位在某些方面颇得佳誉的作家提议，（用他自己的话说）可用一支"文明军"代替十字军来对付这个多妻制社群，以结束那种在他看来系属文明倒退的步伐。我也认为那是文明的倒退，但我看不出任何群体有权利强使另一群体文明化。只要恶法之下的受害者没有请求其他社群援手，我认为与他们完全无关的人们就不应当出面干涉，也不能仅仅因为在远隔万里之遥且与之毫无关联的人们看来那是一种丑事，就要求结束所有直接身处其中的人都觉得满意的人情世态。如果他们愿意，可以派遣传教士去布道反对那种制度；也可以用任何公正的手段反对类似教义在他们自己中间传播（但压制传教者不准其开口则有违公正）。如果在野蛮曾经统治世界的时候，文明尚能战胜野蛮，而在野蛮已被完全制服之后，却反倒自承唯恐野蛮复兴而征服文明，不是显得有些过虑了吗？一个文明会屈服于它曾经征服过的敌手，那首先必是因它已变得衰弱不堪，使得无论它指定的牧师、教师还是其他任何人，都已没有能力或意愿排除万难而为之挺身辩护。果真如此，这种文明收到要其退出历史舞台的警告越早越好。若非由朝气蓬勃的野蛮人令之浴火重生（就像西罗马帝国那样），则等待它的不过是一衰到底罢了。

/////////////////////////////////////

第五章

论自由原则的应用

　　欲使本书所确立的原则在所有各类政治与道德部门中得到一以贯之的应用，且望其行之有益，就必须更一般地以此为基础做一些细节的讨论。我在这里就细节问题提出的几点评议，只是想以事例说明自由的原则，而非要就它们得出事例本身的结论。我所提供的与其说是原则的应用，不如说是应用的范例；本书所述的整个原理不外由两条准则构成，希望这些应用范例能让这两条准则的意思与界限得到更清晰的理解，以及帮助人们在不知该适用其中哪一准则的情形上，做出让二者保持平衡的判断。

　　这两条准则就是：第一，只要个人行为仅关一己利害而与他人无干，个人就无需对社会负责。如果有人觉得有必要维护自身利益，不妨对其进行忠告、规诫、劝导乃至回避，社会能够正当地对其行为表达厌恶与责难的措施，仅此而已。第二，对于其任何有损他人利益的行为，个人都应对社会负责，并且如果社会觉得为了自身安全必须施予某种惩处，则行事者还应受到社会舆论或法律的惩罚。

　　首先决不能因为，唯独对他人利益构成伤害或有可能造成伤害能证明社会干涉的正当性，就认定它总是能为这种干涉提供正当理由。在许多情形下，个人在追求合法的目标之际，不可避免且合乎情理地会引起他人的痛苦或损失，或会妨碍别人原本希望可以合理获取的利益。个体之间的这种利害冲突往往由坏的社会制度所引起，并且只要坏制度一日不变，冲突就一日不可避免；然而也有一些冲突是在无论何种社会制度之下都无从避免的。譬如，无论谁在一个万人争求的职业中或一次竞争激烈的考试中取得胜利，也无论谁在双方都渴望得到某物的竞争中有幸中选，其所收之利都恰为别人之所失，足令别人空劳一场且颇感遗憾。然而人们普遍承认，为了人类的总体利益，

293 人们还是以直面此种后果的态度去追求各自的目标为好。换句话说，社会对于那些失望的竞争者，并不承认他们有免除此类痛苦的法律或道德权利；只有当获胜者使用了背离普遍利益所能容许的手段，即舞弊欺诈，或不义侵占乃至强取豪夺等，社会才有必要进行干涉。

再比如，商业贸易是一种社会行为。任何人从事将某种商品卖给大众的活动，都会影响到其他人以及社会总体的利益；从而原则上其行为就应该受到社会的管辖：据此，从前人们曾经主张，在所有可被视为重要的情况下，限定商品价格和规定制造程序乃是政府的义务。然而经过长时间的斗争，现在人们才终于认识到，只有在消费者具有选择商户的完全自由这个唯一的制约之下，给予生产者和销售者完全的自由，才是使商品物美价廉最有效的办法。这就是所谓自由贸易的原理，其所据之基础虽然跟本文所主张的个人自由原则不同，但却同样坚实。对商业的管制，或对旨在获取商业利益的生产的管制，的确都是束缚；而束缚之为束缚，盖其本身就是一种祸害：但这

里的束缚毕竟只作用于社会应该束缚的那部分人类行为，如果要说有错，那也只能是因为它未能真正产生应该由它产生的效果。既然个人自由的原则并未包含在贸易自由的原理之内，那么有关该原理限度的多数问题也就与自由原则无干；例如，为了防止掺假欺市，公众监控究竟可以允许到何种程度；以及为了保护从事危险职业的工人，应在何种范围内强令雇主提供保健预防或保健措施。只有当其他条件不变，如果对他们施加控制，总不如听任他们自行处置为好，这些问题才进入自由的考虑范围：当然原则上也无可否认，为了这些目的，他们可被合法地施以控制。然而另一方面，有些干涉商业之例从根本上说确属自由问题；例如前面提到的缅因禁酒令，以及禁止向中国输入鸦片，限制出售毒药等等；简言之，一切旨在令某种特定商品无从购买或难以获得的干涉皆属此类。这种干涉应予反对之处，不在于其侵犯了生产者或销售者的自由，而在于侵犯了购买者的自由。

而这之中关于限制出售毒药的例子，又引出一个新的问题，即什么是所谓的警察职权的恰当界限，也就是说，为了防止犯罪或意外事故，自由可以在何种程度上被合法侵犯。预防犯罪于未然，跟侦惩犯罪于已然一样，当然是政府不容争辩的职能之一。然而，政府的预防职能，比其惩治职能更易被滥用而至于损及自由；因为借口防患于未然，人类行为的合法自由，几乎没有什么不能被认定为，甚至完全可被认定为增加了这种或那种犯罪行径的便利。不过，如果公共当局乃至一介平

294

民，看见有人明显正准备犯罪，也绝不是一定要坐等其犯下罪行不可，而是可以去干涉阻止的。如果毒药的购买和使用从不会被用于杀人以外的目的，那么禁止其生产和销售就是正当合理的。可是它们之被需要，也可能是为了不光无害而且有益的目的，而限制不可能只强加于前一种情形，却无碍于后一种情形。再者，防范意外事故是公共当局固有的职责。如果一个公职人员乃至任何个人，深知某座桥梁已岌岌可危，却见有人试图从桥上通过，而仓促之间又来不及警告，他们就可以一把抓住他将他拖回来，这算不上对他的自由有任何真正侵犯；因为自由在于为其所欲为，而坠河溺水绝非他所欲之事。但是，如果某事对他并无必然的损害，而是仅有损害的危险，则此事是否足以值得让他冒险一试，除了他自己外没人能代他做出判断：因此，在这种情况下，假使行事者并非儿童，也非精神错乱，又非处于某种收视反听的兴奋或出神状态，我认为，他受到会有危险的警告就足够了，而不该被强行阻止以身涉险。将类似的理由应用于出售毒药之类的问题，也可以让我们断定，在各种可能的管制措施中，有些是否违背了自由原则。例如，为药品贴上标签，载明其危险性质，就可说是一种可行而又不致侵犯自由的预防措施：因为购买者对他将要保有的东西，绝不会不希望知道它具有毒性。但是不分情形一律要求购买者出示医师的证明，则对于欲将此物用于合法用途的人来说，时常就会无法获得，即便获得也总不免多所破费。在我看来，既能为利用毒药犯罪设置障碍，又要注意不致侵犯那些欲将此物用于其他目的之人的自由，唯一的方式莫过于使用边沁为之贴切命名的"预设证据"[*]。这一办法是每个订过契约的人都熟悉的。法律往往郑重规定，人们在缔结契约时，必须遵守某些正式手续，如当事人的签名、见证人的证明等等，作为契约生效的条件；以便日后万一发生争执，有证据能够证明契约确已订立，并且只要据此，就没有任何东西能使契约失去法律效力：其作用就在于严加防范，遏止使用虚假契约或订立见不得人的契约的做法。凡是出售的东西适于被用作犯罪工具的，都可以实行类似性质的预防措施。譬如药物买卖，可以要求卖者将交易的确切时间、买者的姓名住址以及所买之物的确切性质与精确数量登记在册；还可以问明购买目的，并将所得答复也记录下来。在没有医师处方的时候，还可以要求某个第三者在场，见证买者的购买事实，以备日后所购药物确被用作了犯罪目的时作为认定的依据。这种管制措施，大体上不会对欲购药物者构成实质妨碍，而对那些欲逃避侦查而将药物用于不正当目的的人，却恰恰构成一个大大的障碍。

社会有为阻止犯罪采取预先防范措施的固有权利，表明纯粹涉己的不当行为不能以禁止或惩罚的方式加以干涉这一准则，有着明显的界限。例如在通常情形下，酗酒并不是一个适用法律管辖的问题；但是将一个曾经因醉酒对他人施暴而留有前科的人，置于一项专门针对他的法律控制之下：假如此后再

【*】 参见边沁（Jeremy Bentham）：《证据原理导论》（*An Introductory View of the Rationale of Evidence*），《边沁作品集》，第6卷，第60页。——英文版编者注

发现他喝醉，就将对他施以惩罚，并且一旦其再因醉酒犯下其他违法之事，就让他受到更为严厉的惩罚，我以为这是完全合法的。一个喝醉酒就要伤人的人再把自己灌醉，这种行为就是对他人犯下罪行。同理，又如懒惰之习，倘若其人既非有赖于公众接济，又未因懒惰而违背契约，要对其施以法律处罚，就不能不说是一种苛暴；但是如果一个人无论是由于懒惰还是出于其他什么本可避免的缘故，而不能履行对他人的法定义务，比如抚养子女，那么如无其他有效的办法，强迫他劳动以履行义务，就算不上是一种苛暴。

此外，尚有许多行为，虽仅对行为者自己构成直接伤害，按理不该受到法律限制，但如果公开为之则会有害风化，因此也该归入触犯他人之列，对于这类行为就可以正当地加以禁止。凡有失体统的行为皆属此类；没必要在此详论这个问题，且不说它与本文主题仅有间接关联，何况要说起来，尚有许多这种本身无可谴责也无人认为应予谴责的行为，也同样极其不宜公之于众。[*]

还有一个问题，欲使它与给定的自由原则不至冲突，必须要得到解答。假使个人行为虽不无可责之处，然而因为它的直接恶果完全由当事者个人承受，为尊重个人自由起见可以不让社会去阻止或处罚；在这种当事者可以自由行动的事情上，他人是否也有同样的自由去怂恿或教唆呢？这一问题不易作答。

【*】 译者按：西方的研究者认为，穆勒在本段含糊其词的其实是人类的性行为，可作参考。

表面看来，一个人劝别人去做某事，严格说来已不是一项涉己行为；对任何人进行劝服或诱导，都是一种社会行为，因而像一般影响他人的行为一样，可以认定应该受到社会的控制。但是稍作反思，就不难看出即便这种情形严格说来不属于个人自由的范围，但自由原则所据的各种理由在这里仍然适用，从而得修正这一表面看法。如果在仅关系自身的任何事情上，都必须允许人们自担风险，按照其自认最有利于自己的方式自由行动，那么，他们之间对哪些事适宜去做的互相磋商、交换意见以及给予或接受建议，也就不可不允许有同样的自由。凡是允许人们可以去做的事情，也都该允许人们相互劝导。这个问题不太好确定的地方，仅在于劝导者把获取个人利益当作劝诱的目的，乃至为了谋生或逐利，把助长社会国家视为罪恶的事情当作自己的职业。于是，问题的复杂性的确又多了一项新的因素；盖社会之中确有一班人等，其利益与常说的大众福利相违背，其生存方式也建立在对大众福利的侵蚀之上。对此社会究竟该予以干涉，还是该任其自由呢？例如男女私通之事，社会本该予以优容，赌博之行亦在此例；然而是否能给人以拉皮条或开赌馆的自由呢？此类事情恰好介于个人自由与社会干涉两条原则之间，难以立刻判明究竟该归属到哪一方上。双方都有理由。主张优容的一方会说，如果某种行为不当作职业即可允许，那么即便真把它作为职业用以谋生或获利，也不会使它变得罪不可逭；应有的做法是，该行为要么被一贯许可，要么被一贯禁止；如果我们到现在一直为之辩护的原则是正确的，那么社会之为社会，就不该断定某种只关个人的事情是为不当；社会最多只能加以劝阻，而既然他人有劝阻的自由，个人也就该同样有劝行的自由。而主张管制的一方则会争辩说，公众或国家诚然没有资格为了压制或惩罚的目的，擅自断定此等仅仅影响个人利益的行为是对是错，但如果某种行为会被他们视为不当，他们就完全有理由认定，该行为究竟正当与否至少是一个悬而未决的问题；既然如此，由他们去排除那些肯定不会中立的教唆者不无私心的鼓动带来的影响，这种做法就不能说是错误的，因为那些教唆者在其中某一方面有着直接的个人利益，并且该方面恰为国家所认定为不当，而他却仅仅为了个人目的的公然去加以鼓动。他们力言，对事情做如此措置，是为了让人尽可能不堕入那些出于自身私利而撩拨他人癖好者的毂中，而能根据一己之动机做出不问聪明或是愚蠢的选择，这谅必不会有什么过失，也不会对公众之福构成任何损害。于是（他们就会说），纵使规定某些游戏非法的有关法令完全站不住脚；纵使人们尽可在自己或彼此的家里，乃至在他们捐资设立并仅对其所属成员和宾客开放的会所里自由聚赌；设立公共赌馆依然不能被准许。此等禁令固然永远不会奏效，并且无论赋予警察多少镇制之权，赌馆总是能够在其他伪装下继续存在；但毕竟能够迫使其经营活动进入某种程度的隐秘状态，以使除专事寻赌者外，无人能够知晓其任何内在情形；而过此界限，也非社会所该当过问。此等论辩可说是相当有力。不过我不敢贸然断定，它们是否足以为下述道德畸偏辩护，即在处罚从犯的同时却让（而且一定要让）主犯逍遥法外；其以罚款或监禁处分淫媒却放过嫖客，处分开赌馆者却放过赌徒。同理，对于普通的买卖行为，就更不该以类似的理由加以干涉了。几乎每一件可供买卖的物品都有可能被滥用失度，并且售卖者也鼓励人们无度滥用从而获利；然而绝不可以此为根据去赞成譬如缅因禁酒令之类的法令；因为纵然卖酒之人乐于所卖之酒被用于无度滥饮，然而合理使用之酒品也必有赖于他们供应。不过，酒商热心鼓励人们纵酒，确是一种祸害，因此国家有理由为此加以管制并要求保证，但除了这个唯一正当的理由，任何管制和要求保证都是对合法自由的侵犯。

还可以进一步追问：如果国家认为某种行为违背行事者的最佳利益，而碍于自由原则不得不允许，然而它是否可以同时为此等行为设置间接障碍呢？仍以饮酒为例，它是否可以设法令酩酊一醉变得代价高昂，或者限制酒肆的数量以增加购买的难度呢？对此，得像处理其他多数实践问题一样，需要做出区别对待。对酒类产品课税，如果只为增加人们酤买的难度，这跟完全禁酒仅有程度之别而已；只有禁酒先行有理才能说课税也有道理。对于收入难以应付价格上涨的穷人来说，费用的每一次增加都无异于一道禁令；而即便对那些不愁付钱的富人而言，也无异于对其满足特定嗜好的一种惩罚。人们在履行了对于国家和个人的法定和道德义务之后，选择何种娱乐以及怎样花费收入，就是他们自己的事了，必须取决于他们自己的判断。这些分辩乍看之下好像是在对国家为了财政经费选择酒类作为特定征税品表示责难。但是还请切记，为了财政目的而征税是绝对不能避免的；且在多数国家里有相当一部分税收也必是间接税；因而，国家就不得不在某些消费品的使用上，加上对某些人来说会是寓禁于征的税罚。所以国家在征收税赋时，有义务考虑哪些商品是消费者最可以省去不用的；并且理所当然，还要优先选择那些它认为一旦用度失量就会十分有害的物品课税。因此，加征酒类税赋，借此使国家财政税收达到其最高值（假设国家需要来自酒税的所有收入），就不仅是可以接受的，还是应予赞成的。

是否能对酒类产品实行程度或大或小的专卖权，这一问题须根据相关管制所欲助益的目的，给出不同的回答。所有公众集会的场所都需要警察的约制，而于酒肆林立之所尤其需要，因为诸多扰害社会的事情特别易于在这种地方发生。因此，宜于把此类商品的销售权（至少是那些供当场消费的售卖）限定在那些众所周知或有人担保的素行可敬者身上；还可以对店铺启闭时间等有必要由公众监督的事情做出相关规定；再者，如果由于店主的纵容或无能，常致滋生妨碍治安的事端，或成为炮制及筹划违法犯罪之行的秘密场所，还可以吊销其营业执照。而任何超越于此的限制，在我看来，原则上都不能被认作是正当的。例如，以增加人们获取酒水的难度以及减少诱惑场合为明确目的，限制售卖啤酒和烈酒的店铺数量，就无异是以少数人会滥用便利为由，而令所有人都陷入不便，而且这种做法仅配施于某种落后的社会状态，其劳动阶级可被行之无愧地

待之如童稚或蛮夷，要被置于约束管制的规训之下，以便他们
能够适应将来要被赋予的自由特权。这不是任何自由国家管治
劳动阶级所能公然宣示的原则；而凡是能够正确看待自由价值
的人，也都不会赞成如此管治劳动阶级，除非在用尽一切努
力，以自由教育他们并把他们当作自由人对待之后，最终证明
他们只配被当作孩子一样去管治才行。后面这个假设条件的空
洞无凭适足表明，若认定我们曾在任何方面做过这样的努力而
令我在此必须予以重视，是怎样的无稽之谈。正是英国制度含
有大量抵牾矛盾之处，它的惯例中才混入了许多本属专制政体
或曰父权政体的东西，然而同时我们制度中的普遍自由，却也
妨碍了实施必要数量的控制，从而不能借约束进行真正有效的
道德教育。

　　前文已经指出，仅关一己之事上的个人自由，已经暗示着
若干人有联合行事的相应自由，只要参与者经互相同意共同管
理的事情只关他们自己而不涉及他人。如果所有参与者的意志
都能始终不改其初衷，这个问题本来不存在任何困难；但是由
于人的意愿常会改变，因此即便在仅关他们自己的共谋之事
上，彼此之间也往往有订立契约的必要；而契约既经订立，一
般来说，就应该得到遵守。不过，大概在每个国家的法律之
中，对这种一般规则，都有若干例外规定。如人们不仅可以不
履行侵犯第三方权利的契约，甚至仅仅对缔约双方自身有害，
有时也可被作为使契约作废的充足理由。例如，在我国和大多
数其他文明国家，一项将自己卖身为奴或任凭人将自己卖为奴

隶的契约，就是无效的，无论法律还是舆论都不会强制履行。对人自愿处置自己一生命运的权力做出如此限制，根据是显而易见的，从这种极端情形中尤其会看得非常清楚。除非因牵涉他人之故，否则对一个人的自愿行为不予干涉，其理由正是为了尊重其自由。他的自愿选择应该证明，如此选择对他来说是可欲的，或至少是可以忍受的，并且大体说来，最有利于他获致自己幸福的，是允许他以自己的方式去追求幸福。但是一旦他自卖为奴，就是放弃了一己自由；并且除此一举之外，彻底丧失了今后应用自由的机会。如此一来，他就以自身情形，辜负了那个本来要为其自我处置做正当辩护的良苦用心。他不再是自由的，而是从此处于这样一个境地，再也无法因他自愿留

300 在其中就假设对他有利。这说明，自由原则不允许一个人有不要自由的自由，而允许一个人让渡自己的自由，也不是真正的自由。其说服力在这一特殊事例中得到如此鲜明体现的这些理由，显然还可以得到更为广泛的应用；然而由于现实生活的需要，其应用不免要随处受到限制，生活不时要求我们，固然不能放弃属于我们自己的自由，但却须同意自由应该有着这种或那种限制。不过，这个原则，即只要利害仅仅关系行为者自身便可具有不受限制的行动自由的原则，应该允许订立契约的双方，在不牵涉第三方利害的情形下，可以彼此解除契约；甚至如无自愿解约的自由，就无所谓合同或契约，当然那些有关金钱和财产的契约除外，此类契约人人敢说不应当有任何反悔的自由。在我已经引用过的那本杰出著作中，洪堡男爵如此陈述

他的理念：有关决定人身关系和服务的契约，其法律约束力绝不应该超过其有效时限；如这类契约中最重要的婚姻关系，因其独特性在于一旦双方感情丧失和谐，目标即告落空，所以唯有尊重任何一方宣布解散的意愿。[*]这个问题如此重大，又如此复杂，因而绝非三言两语所能讨论清楚，我也只能就阐明主题的必要目的对此稍做触及。如果不是出于行文简洁洗练的需要，迫使洪堡只能直接给出结论而略去前提，他无疑会认识到这个问题不能以如此这般受限的简单依据做出断定。一旦一个人以口头承诺或实际行为，鼓励另一个人将其视为终身所依，将自身的希望、盘算以及生活规划全都建立在信赖于他的假设上，那这个人便对他的许诺对象负有了一系列新的道德义务，这些义务虽能被解除，但却绝不可被漠视。再者，如果双方的婚姻关系已对其他人造成某些后果；如果它已将第三方置于某种特定的境况，或者，正是由于婚姻关系，已经致令第三方存在，那么婚姻双方对这第三方就都负有义务，这种义务的履行或至少其履行方式，必然会因原始缔约双方之关系的继续或中断而大受影响。这并不等于说，并且我也不能认可，这些义务可以大到不计勉强一方的一切幸福而非要履行契约不可的程度；但它们却是该问题必须要考虑的因素；而且即便如洪堡所坚持的，其不该影响到双方解除契约的法定自由（我也认为不应构 301

【＊】 见洪堡：《政府的界限与责任》，英译本，第34页。——英文版编者注；此处英文版编者注有误，穆勒这里所引述的文字，实际见于洪堡该书英译本第135页。——译者注

成多大影响），但对于双方道德上的自由，却必定会有很大的关系。一个人在决定迈出对他人利益有如此重大影响的一步以前，一定要将所有这些情形考虑进去；而如果他没有对他人利益给予应有的重视，他就会因自己的错误而成为道德上的罪人。我之所以论及这些浅显的意见，是为了更好地说明自由的一般原则，非为它是这一特定问题所必需，相反，通常人们讨论这一问题时，仿佛孩子的利益高于一切，而大人的利益却无足轻重。

我在前面已经说过，由于缺乏公认的一般原则，自由常常在应予节制的地方被施与，而在应该施与的地方却被节制；在当代欧洲世界人们自由热情最为强烈的事情之中，有一件在我看来就是完全错用了自由。在利害止于一身的事情上，一个人当然可以随自己的喜欢自由行动，但却不可借口别人的事就是自己的事，而自由地随自己的喜好越俎代庖。从而，国家不但要在每个人特定关乎一己的事情上尊重个人自由，同时，还必须在他行使任何能予左右别人的权力上，保持一种警觉的监控。然而在家庭关系方面，这项义务却几乎完全被无视，而就对人类幸福的直接影响来说，家庭关系比其他所有方面的影响总和还要重大。这里暂且不去细论丈夫对妻子那种近乎专制的权力，一则因为若要完全除去这种罪恶，最重要的莫过于令妻子取得跟丈夫完全一样的权利，并同样受到法律的保护；二则因为那些坚持维护此等有违正义之事的人，并不以自由为借口，而是公然站在拥护特权的立场上。可是在子女问题上，对自由理念的误用，却实实在在成了国家履行自身义务的障碍。人们几乎普遍认为，其所生子女应被认定隶属于他自己，并且是真正而非借喻意义上的隶属，其对子女享有绝对且排他的控制权，法律对此哪怕稍有干涉，都会招致他的嫉视，甚至比他自己行动自由受到任何干涉时还要强烈：人类通常之重视权力，远远过于珍爱自由！就以教育为例来说吧，国家应该要求和强迫每一个生而为其公民的人都接受教育并达到一定标准，这岂非简直就是一个不证自明的公理？然而有谁会毫不畏缩地承认并主张这一真理呢？诚然，没有人会否认，父母既然将子女生在世上，给予应有的教育以便其演好待人接物及立身行事的个人角色，乃是他们（或按当前的法律和习惯来说，是做父亲的）最神圣的义务之一。但是，尽管人们一致承认这是父亲的义务，在这个国家却没有人愿意听到应该责成做父亲的去履行。相反，其非但不被要求为确保子女受到教育付出努力或牺牲，甚至在已经有了免费教育的时候，还要听凭他自行选择接受与否。人们尚未认识到，人如果对于子女只知生而不能养，非但不能为其身体供给衣食，更不能为其心智提供教育与训练，这不论对那个不幸的孩子还是对社会来说，都是一种道德罪愆；并且如果为人父母者不履行这种义务，国家就应当强制它得到履行，并尽可能让做父母的担负其中的费用。

只要强制推行普及教育乃是国家的义务已被认可，那么关于国家应当选择何等教育内容与采用何种教育方式之类的辩难纷争，其实皆可以休矣，可是现在人们却仅将后面这个主题转

302

而当作分宗别派的唯一战场，将本该用于实际教育的时间和劳力徒然浪费在关于教育问题的争吵上。政府只要决心要求每个儿童都受到良好教育就足够了，由其亲自提供这种教育则大可不必。它尽可放手让做父母的自行选择获得教育的地方以及他们所喜欢的教育方式，而它自己只需满足于帮助贫寒子弟支付学费，以及负担起那些根本无人为其负担的孩子的全部教育费用即可。合情合理地反对国家教育，并不等于不能由国家强制推行教育，而是说国家不可亲自指导教育：这完全是两码事。若说整个人民教育或它的任何重大部分应该操在国家手里，那我之不以为然绝不后于任何人。前文一再强调个性差别有异、思想言论与行为方式参差多元的重要，无不暗示着教育的多元也有着同样不言而喻的重要性。全面的国家教育，不过就是一种为了将人们塑造得彼此一模一样而特制的模具；而且这一用以陶铸人民的模具，必是那些或君主，或教父，或贵族，或当今时代的所谓多数等政府中的当权者所喜欢的那种，随着它见诸成效以至如愿以偿，它便建立起了一种控制人心的专制，并最终顺着其自然趋势导向那种控制人身的专制。这种由国家设立并控制的教育如果非要存在，也只能作为诸多竞争教育实验的一种而存在，其开办目的也只是为了提供某种示范或激励，以使其他类型的教育达到一定优秀标准。或者，除非社会总体状态的确落后到一定程度，以至无力或不愿由自身举办任何适当的教育机构，非由政府承担此项责任不可；于是，政府也确是出于两害相权取其轻的考虑，才亲自担负起中

303

小学教育和大学教育的任务，这正如同当国内没有私人企业适合承担大型工业作业的时候，可以由政府亲自承揽举办股份公司的业务一样。但是一般说来，一国之内，如果在国家协助下可以胜任举办教育的人士足够多，有法律使教育成为义务，国家又会为无力担负者支付教育费用，以确保承办教育不致有劳无酬，在此前提下，这些人就能够并愿意在自愿的原则上提供同样良好的教育。

要使义务教育的法律得到贯彻，其实施手段莫过于从幼年开始对所有儿童进行公开考试。每个儿童在达到规定年龄后，都必须接受测试，以确定他（或她）是否已能识字读书。如果不能，而其父亲又说不出十足情有可原的理由，就要对这个做父亲的处以适当的罚款以示薄惩，如有必要，还要罚以做工抵偿，并责令他自付费用将孩子送进学校接受教育。此种考试以后每年进行一次，逐渐扩大测试科目范围，以便事实上迫使儿童普遍获得尤其是普遍掌握最低数量的一般知识。在此一最低限度之上，还宜为所有科目开设自愿参加的考试，所有达到一定精通标准的人都应给予文凭。为防止国家借此牢笼意见，应该将要求通过的测试知识（除开仅仅作为知识工具的那部分知识，如语言及语言应用），严格限定于事实和实证科学，在更高级别的考试上甚至更要如此。有关宗教、政治或其他有争议科目的考试，不可测试意见的是与非，而只可测试事实问题，如某某作家、学派或教派根据某某理由主张某某意见等等。依照这种做法，在一切有争议的真理问题上，下一代人的处境就不至比当前一代恶化；他们将像当前一代一样，自由地成长为国教徒或非国教徒，国家关心的仅仅是，他们无论作为教徒还是非教徒，都应该是受过教养的。如果他们的父母愿意，在他们接受其他科目训练的同一学校里，没有什么能妨碍其接受宗教教育。国家欲使公民在有争议的主题上偏向某种结论，所有这种企图都是罪恶的；不过为了确定并证明一个人在某个特定主题上具备得出值得关注的结论所必需的知识，提供相关测试却是完全正当的。一个有志于哲学的学生，最好既能经得起有关洛克也能经得起有关康德的考试，不论他倾心于其中哪一种，还是即便二者无一能令他信服；同理，即便以基督教的事迹对一个无神论者进行考试，只要不是要求人相信那种信仰，也没有理由加以反对。不过，我认为对于各种高深学问的考试，应该完全是自愿的。如果允许政府以缺乏资格证明为由，将任何人排除在某种职业之外，甚至不准从事教师职业，都将是赋予政府一种颇为危险的权力：在这点上我同洪堡一道，也认为所有参加并通过考试的人，都应该被授予证明其科学成绩或职业技能的文凭或其他公认的资格证书；但是这类证书除了能让大众意见信赖它的证明力外，再不可被赋予压倒其他竞争者的任何好处。[*]

人们错置自由概念，以致认识不到总是最有根据可被认定是为人父母者应尽的那些道德义务，乃至在很多方面放过理由

【*】 见洪堡：《政府的界限与责任》，英译本，第123页。——英文版编者注

最为充分的法律义务，其事又岂止教育子女之一端而已。将一个生命带到世上这一事件本身，就是人类生活中最需负起责任的行为之一。只知降生而不考虑其祸福，如此轻率地担起此项责任，除非所降生命至少会有过上合意生活的一般机会，否则就是对那一生命的犯罪。在一个人口已经过剩或受着过剩威胁的国家里，再去生一大堆孩子，就会带来因竞争加剧而降低劳动报酬的后果，这对所有依靠劳动所得为生的人都是一种严重侵犯。大陆许多国家的法律规定，除非男女双方能表明他们有足够支撑家庭生计的财产，否则不准许结婚，这并没有超出国家的合法权限：这种法律无论是否便利可行（这主要取决于当地的境况和民情），都不能以它侵犯自由为理由加以反对。这种法律是国家为防止一种有害于他人的错误行为而做出的干涉，这种行为即便被认为不宜加以法律惩罚，也应该成为舆论谴责和社会诟病的对象。但是当前流行的自由观念，对在仅关某人自己的事情上真正侵犯其个人自由的做法轻易屈服，而当容他放纵自己的欲念就会为后代增添一个或几个不幸且堕落的生命，并且会以多种危害殃及他们周围之人（那些人无论如何都会受到他们行为的影响），却反对对其欲念施加任何限制。人类如此奇怪地尊重自由，却又如此奇怪地轻慢自由，两相对比之下，我们不禁想象，一个人竟可以有必不可少的伤害他人的权利，却根本没有只求自己快乐而不给别人带来痛苦的权利。

在本文最后，我要辟出一定篇幅谈谈关于政府干涉限度这

305

一重大问题，严格说来它不在本文主题范围之内，但是却与本文主题密切相关。在这类情形上，反对干涉的理由并不赖于自由原则：因为问题不在于政府限制了个人行为，反而是要帮助他们；我们要问的是，政府是否可以代做或促成某些益于人们的事，而非听凭他们自己单独或自愿联合去完成。

对于这种政府所行虽未侵犯自由，但仍须反对它干涉的事情，反对理由大体有三类。

第一类是，其事由个人去完成比由政府代做大概会更好。一般而言，对任何事物的处理，乃至决定如何处理或由谁处理，没有谁会比那个有切身利益在其内的人更为适合。依照这条原理，就能断定立法机关或政府官员曾经普遍热衷干涉一般工业生产这种做法的失误。但是问题的这一部分已由政治经济学家做过充分论证，况且它尤其与本文所述的自由原则无关，因此无需我在这里细论。

第二类反对理由则与本文主题更为切近。许多情况下，尽管人民个体在某类特定事情上，一般说来可能做不到政府官吏那么好，但是让他们自己而非政府去完成仍然是可取的，因为这可以作为他们智能训练的手段，可以借此强化其主动能力，锻炼其判断力，以及在此后就要交给他们自行处理的相关问题上，获得熟悉的知识。我们之所以采用陪审团制度（在非政治案件上），采用自由民主的地方自治和城市自治制度，以及由自愿联合的社团管理工商事业和慈善事业，其虽非唯一但却首要的一个理由即在于此。这些都不是自由的问题，仅仅在某些趋向上与自由遥相关联，但它们却是事关发展的问题。让我们从目前所论的场合上稍稍离开一下，把这类事情作为国民教育的一部分做一究论；实际上，它作为一种特殊的公民训练，作为自由民族政治教育的实践部分，可以将人们从一身一家之私的狭隘圈子里摆脱出来，从而习惯于领会公共利益、管理公共事务，习惯于从公共或半公共的动机出发来行动，以彼此联合而非彼此孤立为目标引导自己的行为。如果缺乏这些习惯和能力，一个自由政体既不可能正常运转，也不可能维持下去；试看那些没有地方自治的充分基础而勉行政治自由的国家，其政治自由也总是昙花一现转瞬即逝，就可以证明此言不虚。不仅如此，由地方自己来管理纯粹地方事务，由自愿出资的联合体自己管理大型工业企业，其合理之处，还可以从本书已经阐明的个性化发展与多样化行为所具有的种种优势，得到进一步明证。政府管理趋于令各地同于一律。相反，在公民个体和自愿结合的社团管理之下，则会出现各种各样的试验，以及得到无穷多样的经验。政府能做的有用之事在于，把自己当作收集与散发经验的中心，使从众多试验中所得的经验得到积极的流通和传播。它的任务在于，让每一个试验者都能从他人的经验中获得教益，而不是只许政府自己试验却绝不容人民试验。[*]

第三类理由在于，不必要地增加政府权力乃是一种极大的

306

【*】译者按：严复在旧译《群己权界论》中，于此段加按语如下："此段乃西国所以持保盛强之秘，慎勿忽之。"

祸患，这是限制政府干涉的最有力的一个理由。对政府已经执掌之职能的每一项追加，都会将其影响人们希望和恐惧的作用散布得更广，还会将公众中本来的活跃进取之士，越来越多地转变为政府的逢迎者，或者转变为志在执政的某些政党的逢迎者。如果公路、铁路、银行、保险、大型股份公司、大学以及公共慈善事业等等，所有这些都成了政府的分支；又如果城市自治会和地方议事会，连同目前所有交付它们管理的事务，都成了中央行政系统的附属；如果所有这些不同事业的雇员都要由政府任命和支付薪酬，乃至终其一生每一升迁都需仰赖政府；那么，纵有再多的出版自由和民主的立法机关，都不足以使英国和其他国家变得真正自由，除了徒具自由之名而已。并且行政机器的构建越是科学有效，即其网罗最优秀人才来操纵这架机器的办法越是巧妙娴熟，其为患也就越大。在英国，近来已经有人提议所有政府文官都应该通过竞争考试来选拔，以期为这些职位选取通国之内最富聪明才智和受过最好教育的人才；关于这个提议，已经有了不少赞成和反对的言论。反驳者持之最力的理由之一是，政府文官这一终身职位，在薪酬和地位方面，都根本不具吸引高才之士的前途，他们总是能从各种自由职业或私人公司和其他公共团体的业务中，找到更能吸引他们的生涯。这一理由如果出自维护前述建议者之口，用以解决它的主要困难之点，也就毫不奇怪。然而让人大为奇怪的是，其竟出自反对者之口。殊不知这个推出来用以反对的理由，恰恰可以为这项提议中的制度保驾护航，它只要过了这道坎就可以

安全无忧了。如果国内所有杰出人才确确实实都能被吸引进入
政府机构，那么会引起有识之士不安的，正是那个促成此种结
果出现的帮腔之论。如果每一种需要有组织的协同合作或需要
高识博见的社会事务，都掌握在政府手里，又如果政府的职司
普遍都是由最能干者来充任的，那么除了纯粹的沉思者外，国
内所有硕学俊彦和实践天才都必将集于众多官僚机构之中，而
社会中的其余人等无论追求什么，都唯有仰承他们的意旨：普
通民众在一切要做的事情上都望其指导和命令；而有能力有抱
负者则赖其谋求个人的升进。于是，谋求进入这个官僚阶层，
并且一经进入便谋求步步高升，就成为人们进取的唯一目标。
在这种体制之下，不仅无缘进入其内的外部公众，由于缺乏实
际的体验，无资格批评或制止这一官僚机构的运作模式，而
且，纵然由专制政体的意外事故或民主政体的自然运作，偶尔
将一个或几个有着改革意愿的统治者推上权力顶峰，也休想能
让任何有悖于官僚集团利益的改革得以实施。从那些有过充分
观察机会的人的描述中，可知沙俄帝国就处于这种可悲状态。
沙皇本人亦无力对抗官僚集团；他能将他们之中的任何一员
流放到西伯利亚，却不能脱离他们或违背他们的意志而进行统
治。他们能暗使沙皇的每一项政令石沉大海，只要他们不去执
行就可以了。在那些有着更为先进的文明且有着更多反叛精神
的国家里，民众既已习惯于指望国家为他们做好每一件事，或
至少如不问明国家允许他们自行做哪些事以及应该如何去做，
就不动手为自己做任何事情，那他们自然就会把一切临到自己

头上的灾祸都视为国家的责任，并且一旦灾祸超过他们的忍耐限度，他们就会起来反抗政府，掀起所谓的革命；于是世有枭雄，其权威无论于国民合法与否，趁机跃上宝座，对那个官僚机构发号施令，而一切事情又复一如其旧；朝代已换而官制不更，无人能够取代那个官僚集团的作用。

而在一个习惯自治的民族当中，则会出现完全不同的景象。例如在法国，人民大部分都服过兵役，其中有许多人还至少做过士官，因此在每次平民起事中，总有些人能够担负起统帅之责，并能于仓促之间做出像样的行动计划。对应法国人精于武事的地方，美国人则精于各类文政；如果把他们放到一个没有政府统属的地方，则任何一个由美国人构成的群体都能于旬日之间组成政府，并能以其充沛的智慧、条理和毅力，维持政府或任何其他公共事业正常运转。一切自由民族都应如是；而能够如是的民族也必是无往而不自由的；这样的人民，永远不会因任何人或任何团体能够控驭其中央政府，就甘心让自己受他们的奴役。也没有任何一个官僚机构能够指望，可以让这样的人民去做或遭受任何他们所不愿意的事。然而，在各种事务都要由官府包揽的地方，任何为官府所决意反对的事情都根本不可能做成。此类国家的体制，不过就是将通国的能人才士，都组织进一个纪律森严的团体，以此来统御其余人众；其组织本身愈是完善，其从社会各界吸纳和规训最优秀人才的做法愈是成功，其对包括官府成员在内的所有人众的束缚就愈是彻底。因为统治者自己也成为其自身组织和纪律的奴隶，就像被统治者是统治者的奴隶一样。一位中国高官，跟最卑微的农夫一样，同为专制统治的工具和奴才。个体的耶稣会士，就是所属宗教团体卑贱得不能再卑贱的奴隶，尽管耶稣会本身是致力于为其会众争取集体权力和地位的。

还有一点不可不记住，如果一国之内所有才俊都被吸纳进入政府，那么政府本身的精神活力和进取之势迟早都会丧失。既然他们要联手运转一个制度系统——一个像所有系统一样必须在很大程度上依固定规则运转的系统，这一官僚群体便处在不断的诱惑之下，逐渐陷入一种例行敷衍的怠惰状态；或者，即便他们也会对那种机械僵化的做法不时感到厌倦而改行他辙，也会在某些领导人物的突发奇想之下，贸然采取某种考虑欠周的不成熟举动；唯一能够遏制这种貌似相反实则密切关联的趋势的，也即唯一能够激励官僚群体的能力与时俱进的，是让它必须对政府之外有同等才能者的监督批评做出回应。因此，必不可少的是，设法让一批具备此等才能的人独立于政府之外而存在，并且为他们提供重大事务上的正确判断所必需的机会和体验。如果想永远保有一个灵活而有效的官僚团体，尤其是想拥有一个能够创新且愿意接受改进的官僚团体；如果不想让我们的官僚机构堕落为腐儒禄蠹，那么，这个团体就切不可把能够塑造和培育人类政治治理所需之才的所有职位，都完全包揽在自己手中。

社会为了排除获得其福祉所面临的障碍，需要在公认领袖的带领之下，以社会力量的集体运用来获取利益，但这种做法一旦越过某个界点，却又会开始变成对人类自由和进步如此可怕的祸害；要竭尽可能地获取集中权力和智慧的优势，又不至将社会的一般功能过多地转入政府渠道；然而判定这个界点究竟在哪里，却是人类政治技艺中最困难最复杂的问题之一。它在很大程度上是一个细节问题，必须根据具体问题做具体分析，没有绝对的规则可以遵循。但是我相信，一项安全可靠的实践准则，一个值得瞩望的理想，一个可以用来检验旨在克服这一困难而行的种种安排的标准，可以表述为下面两句话：在不违效率的前提下，尽最大限度地让权力分散；同时由一个集散中枢尽最大可能地让信息得到收集和传播。例如在地方行政系统中，就应该像新英格兰各州[*]那样，在种种不宜由直接相关者自己处理的事务上，分门别类地设立地方机构，并分别充以由地方选任的官员；除此之外，还应该在每一类地方事务部门之上，设立一名总督，作为全州政府的一个机构。这个总督机构，就像一个焦点一样，收集所有地方公共事务部门工作取得的各种信息和经验，也收集外国处理相似事务取得的信息和经验，甚至还要收集来自政治科学一般原则的信息和经验。这个中枢机构应该有权了解所有已经实行的事情，而且它的特定义务是让得自某个地方的知识能够为其他地方所用。因它站得更高、看得更广，不为一地的琐细偏见和狭隘眼光所局限，其

【*】 新英格兰包括缅因、新罕布什尔、佛蒙特、马萨诸塞、康涅狄格、罗得岛六个州。——译者注

建议自然更具权威；不过我以为，作为一个永久性机构，其实际权力，应该限于强迫地方官吏遵守为指导他们而制定的法律为止。凡是全州法规未予规定的事情，皆可以由地方官吏自主判断，但须向他们的选民负责。倘有违规，则应责成他们向法律负责，而且这些法规本身也应该由立法机关制定；中央行政当局仅负责监督法规的实施，如果其实施未当，应根据实际情形，或请求法院强制执行法律，或请求选区全体选民罢免那些没有遵照法律精神来执行的官员。一般来看，意在管控全英济贫税执行官的济贫法局（Poor Law Board），正是这样一种中央监管机构。为了矫正不仅深深影响着地方，还影响着整个社会的根深蒂固的乱政积习，无论济贫法局行使了哪些超过其限度的权力，在那种特殊的情形下都是正当且必要的；因为没有任何一个地方有一种道德权利，容许它因管理失当而把自己变成贫民穴窟，以致必然蔓延至其他地方，损害整个劳动群体的道德和身体状况。为济贫法局所享有的行政强制权和辅助立法权（鉴于这个问题上的舆论情势，这些权力极少被行使），用以处理攸关全国利益的事务固然是完全正当的，但如用在对纯粹地方利益的监管上，则是完全失当的。但是，一个为所有地方提供信息和指导的中央机构，对各类行政部门来说都有着同样的价值。某种政府功能，如果不妨碍而是能够帮助和激励个人的努力和发展，那无论如何是不嫌其多的。一旦它非但不去激发个人和团体的活力与力量，反而要以它自己的功能去替代；一旦它非但不予提示、忠告乃或在必要时给以批评，反而要使人

310

们在束缚下工作，或者干脆命令他们靠边，而由它代替人们工作，危害就开始了。从长远来看，国家的价值，归根结底还是组成这个国家的个人的价值；一个国家为了在各项具体事务中使管理更加得心应手，或为了从这种具体实践中获取更多类似技能，而把国民智力拓展和精神提升的利益放在一旁；一个国家为了要使它的人民成为它手中更为驯服的工具，哪怕是为了有益的目的，而使人民渺小，终将会发现，弱小的国民毕竟不能成就任何伟业；它为了达到机器的完善而不惜牺牲一切，到头来却将一无所获，因为它缺少活力，那活力已然为了机器更加顺利地运转而宁可扼杀掉了。

附录1

约翰·斯图亚特·穆勒自传（节选）[*]

孟凡礼　译

就在我目前所处的这个精神进步阶段，我跟一位女士结下了友谊，这段友谊是我一生的荣幸和最大幸福所在，也是我此后为人类进步所做或希望有所建树的一切努力的重要源泉。我第一次结识这位女士是在 1830 年，当时我二十五岁，她二十三岁；在经过二十年的友谊后，她答应做我的妻子。

我跟她的相识，从她丈夫家那边来说，可说是故交重续；她丈夫的祖父是我父亲当年在纽英顿绿地的邻居，我小时候有时会被邀请到这位老先生的花园里玩耍。他是老派苏格兰清教徒的极好榜样：严厉、朴素、庄重，对小孩儿却十分和蔼，这样的人往往给孩子们留下不可磨灭的印象。

虽然是在我认识泰勒夫人很多年后，我才与她有了亲密或彼此信任的关系，但是我很快就发现她是我认识的人中最令人

【*】 节选自《穆勒自传》第六章和第七章；翻译所据版本为企鹅出版社重印的多伦多大学出版社版《穆勒著作集》。——译者注

钦佩的。这并不是说，她在我初次见到她的那个年龄，就是后来她所是的那样了，这在任何人都不可能。

如果说，无止境地追求自我成就、自我完善，就是她天性的法则，这种说法至少还没那么恰当；因为这同时也是她追求进步的热情和她身上某种才能自发趋向的必然结果——她能把自己接受的每一印象或经历，都变成增加自己智慧的源泉或机会。

从我第一眼见到她时，她那丰沛而有力的天性就通过公认的女才子类型而展现出来了。从外表看，她聪慧美丽，所有接近她的人都能感受到一种天生的出众气质；从内在看，她有着深沉而强烈的感情，有着敏锐而直觉的智慧，又有一种爱冥思的诗人气质。

她很早的时候就嫁给了一位十分正直、勇敢和可敬的男子，这个男人见解开明，受过良好的教育，但是欠缺一点智识或艺术趣味，否则就堪称佳偶了，不过他是一位稳重而深情的朋友；她一生都对这个男人怀有真正的尊敬和最热烈的爱意，当他去世时，她陷入深深的悲痛之中。

由于社会让妇女陷入无所作为的状态，她们无法在外面的世界充分施展自己的最高才能；她过着一种内心沉思的生活，在跟朋友小圈子的亲切交往中变化沉浮；与她交往的朋友并不多，其中只有一位（早已亡故）天资过人，在情感或智力上与她相仿，不过所有人都在情感和见解上或多或少地与她一致。我有幸被允许进入这个圈子，很快就发现她身上集中了我所认识的所有其他人的品德，在其他人身上哪怕发现这些品德中的一个，我就高兴得不得了了。

在她身上，完全看不到各种迷信的束缚（包括那些把假想的完美归于自然和宇宙秩序的迷信），她对社会结构中许多不合理的东西提出最热烈的抗议，这并不是出于生硬的理智，而是出自与她那可敬的天性共存的崇高感情的力量。在一般的精神特征以及气质和条理方面，我常把当时的她比作雪莱；但在思想和智性方面，雪莱在其短暂的一生中所发展的能力，与她最终成就的高度相比，不过是个孩子。无论是最高境界的思考，还是小到日常生活中最细微的实际问题，她的心灵都是最完美的工具，直指事物的核心和实质；也总是能够抓住本质的理念或原则。

一如她的敏感和心灵官能所在在表现出来的，运用上同样的精准和迅捷，加上她的感情和想象力的天赋，足以使她成为一个完美的艺术家；正如她那炽热而温柔的灵魂和有力的口才，也足以使她成为一个伟大的演说家；她对人性的深刻理解和对实际生活的洞察力和远见卓识，还会使她成为人类统治者中的佼佼者，假使时代允许这种职业对妇女敞开的话。

她的智力天资辅助着我毕生所仅见的最高尚最平衡的德性。她的无私，不是出于一套被教导的义务，而是出于一颗完全把他人的感受当作自己的感受的心，富于想象地投注自己强烈的感情于其间，以至于常常过度地为他人着想。除了她那随时准备倾注到别人身上而不求哪怕最微小回报的无限慷慨和爱心，对正义的激情可以说是她最强烈的情感。

她的其他道德特征也自然而然地与这些思想和心灵品质相伴而生：她既有最真挚的谦逊之心，又有最高尚的自豪；她把绝对的坦率和真诚给予所有适合接受它们的人；她对任何卑鄙和怯懦的行为报以最大的蔑视，对一切野蛮和暴虐、不忠和无耻的行为和性格表示最强烈的愤慨；同时，对"本质上的恶行"（mala in se）和"违犯法律的恶行"（mala prohibita）给予最明确的区分，即把从情感和品格上表现出来的固有之恶，与那些只是违犯或好或坏习俗的行为区别开来，后面这种违规行为不论对错如何，是那些在其他方面可敬可爱的人们也难免会犯的。

与这样一位集众多美质于一身的人进行任何程度的精神交流，都会对我的发展产生极为有益的影响；尽管这种影响只是渐进的，许多年后，她的思想进步和我的思想进步终于达到了完全和谐的伴侣关系。

我所得到的益处远远超过我所能给予的；虽然对她来说，她最初都是通过强烈情感的道德直觉得出自己的见解的，但毫无疑问，她也能从一个以研究和推理得出许多相同结果的人那里，得到帮助和鼓励。在她智识迅速增长的过程中，她那把一切都转化为知识的精神活动，无疑也像从其他来源一样，从我这里汲取了许多材料。就算仅仅从思想上来说，我要归功于她的地方，要说起来也是无穷无尽的；关于这种影响的总体特征，短短几句叙说即可见其一斑。

一如所有的圣明之士，那些对人类生活现状感到不满，并完全赞同对其进行根本变革的人，他们的思想主要有两个领域。一个是终极目标的领域，也就是人类生活可实现的最高理想的那些构成要素。另一个是直接有用并现实可行的那个领域。

在这两个领域，我从她的教导中获得的东西，比从所有其他来源获得的加起来还要多。老实说，真正的确定性主要存在于这两个端点。我自己的长处则主要在于那个充满不确定和不稳定的中间地带，即理论学说领域，或者不如说是道德与政治科学领域。在这个中间领域，包括政治经济学、分析心理学、逻辑学、历史哲学以及其他学科，不管我以任何形式认可或者首创了什么结论，都得益于从她那里获得的明智的怀疑主义（这当然并不是我非要向她负责不可的智识义务）。

这种有益的怀疑态度不但并未妨碍我诚实地发挥我的思维能力来得出任何可能的结论，而且让我保持警惕，避免以思辨性质所不能保证的自信程度来主张或宣布这些结论；还让我的头脑不仅随时准备承认，而且急于欢迎和热切寻求任何有可能出现在前方的更清晰的认识和更好的证据，即使在那些我已经深思熟虑的问题上也是如此。

我经常受到赞誉，因为与大多数同样沉迷于大而化之的思想家的著作相比，我的著作被认为具有更强的实用性，但是这种称赞我只配部分受用；如果我的著作被发现具有这种品质，那不是我一个人的功劳，而是两个头脑的融合，其中一个对当下事物的判断和认知有着非凡的务实感，而又对遥远未来的展望有着高瞻远瞩的胆识。

……

[……] 我在1851年4月与那位女士结婚，她身上有着无与伦比的价值，她的友谊成为我幸福和进步的最大源泉，多年来我们从未奢望彼此有任何更亲密的关系。在我有生之年的任何时候，我自然都是热切盼望跟她的生命完全结合，但我跟她一样，宁愿永远没有这个福分，也不愿以一个我最尊敬的朋友、她最敬爱的丈夫的英年早逝换来这种特殊的幸运。但是不幸的事情还是在1849年7月发生了，出于这一不幸事件的赠与，我获得了自己最大的幸福：在我们长久以来就存在的思想、感情和写作的伙伴关系之上，又加添了整个人生伴侣这一层关系。

在七年半的时间里，我享受了这种福分，但是只有七年半！呜呼，我无法用任何言语来表达，我在那时和现在失去了什么！但是，我知道她会希望我怎样，所以我竭尽可能地利用我的残生，以她的思想所余的力量，渴饮着对她的怀念，为她未竟的目标而继续努力。

……

在我结束公职生活之前的两年里，我和妻子一直在为《论自由》的写作而通力协作。我最初计划写这个题目是在1854年，那时只草成一篇短文。1855年1月，在我登上罗马朱庇特神殿的台阶时，我第一次萌生了将它改写成书的想法。

我所有的著作没有哪一部像这本书一样经过如此仔细的组

织和精心的修改。像往常一样写了两遍之后，我们把它带在身边，不时拿出来重新检查，一读再读，字斟句酌。最终的定稿本该在1858—59年那个冬天完成，这是我退休后的第一个冬天，我们计划在南欧度过。然而，这个希望连带其他所有的希望，都因一个谁也未曾料到的最痛苦的灾难而落空了——那是在阿维尼翁，就在我们前往蒙彼利埃的途中，她因突发肺部充血而去世。

从那以后，只要我的精神状态允许，我就会想象她仍然在我身边，希求以这种方式减轻我的痛苦。我在离她墓地尽可能近的地方买了一间小屋，她的女儿（我的同命相怜者，也是我现在最大的安慰）和我，一年中的大部分时间都住在那里。我的生活目标，完完全全就是她从前的那些目标；我的追求和事业，要么是我们从前共同的、要么是她会赞同的、要么是与她密不可分的那些追求和事业。对她的怀念就是我的宗教信仰，她的赞许是衡量所有价值的标准，是我调整自己生活的指南。

（在结束前面的叙述而搁笔多年之后，我重拾笔墨，主要是受一种愿望的驱使，即不想留下一个不完整的记录，为了这篇传记的完整性，我有义务记录下那些对我的精神发展做出过重要贡献，或者对我的著述和其他我所做的公共性质的事务有过直接参与的人。在前面的篇幅中，就与我妻子有关的内容而言，也是有欠详细和准确的；自从我失去她之后，我又得到了其他人的帮助，这些同样值得并需要感谢。）

两个人合作的作品，有时由谁来执笔对原创性来说并没那么重要，只要是：两个人的思考和推理完全一致；他们在日常生活中讨论所有智识或道德方面的话题时，探讨的深度也要远远超过面向普通读者写作时惯常的变通；他们是从相同的原则出发，通过共同推究的过程得出结论；甚至，对执笔贡献最小的那个人可能对思想的贡献更大；这样产生的著作是两个人的共同产物，往往不可能把他们各自的部分分开，并确认这部分属于这个人，那部分属于另一个人。

　　从这个广泛的意义上说，不仅在我们婚后的几年里，而且在我们之前多年的亲密友谊中，我所有发表的东西，都既是她的作品也是我的作品；随着岁月的推移，她在其中所占的分量不断增加。不过在特定情况下，属于她所贡献的东西是可以区分出来并且明白无误确定的。

　　且不说她的思想对我的思想的那种普遍影响，这些合作著述中最有价值的想法和特征，即那些最富有成效的重要成果，对作品本身的成功和声誉做出了最大贡献的东西，都源出于她；我在其中所起的作用并不比我对前人思想的借鉴更大，我只是将这种借鉴纳入我自己的思想体系而造成我自己的思想。

　　在我文字生涯的大部分时间里，我之于她的职责，都是原创思想家的解释者，或者思想家与大众之间的中间人的角色——从很早的时候起，我就认为这是我有资格在思想领域扮演的最有用的角色；因为除了在抽象科学方面（逻辑学、形而上学以及政治经济学和政治学的理论原则），我对自己作为原创思想家的能力一直心存忐忑，但在向其他人学习的意愿和能力方面，我认为自己比同时代的大多数人都强得多；因为我发现，对于任何意见，不管是新的还是旧的，没有一个人会特别重视考察为这些意见所做的辩护，而我深信，即便这些意见是错误的，在它们的底下也可能蕴藏着真理的基石；我还深信，无论如何，察明究竟是什么让这些意见站得住脚，都会对真理有所裨益。

因此，我认为这是一个有用的领域，我有特别的义务在其中发挥作用；尤其是在我接触了柯勒律治、德国思想家和卡莱尔的思想后，更觉得有必要这样做，它们与我从小接受的思想模式截然相反，这使我确信，除了诸多谬误，它们之中一定还含有许多真理；这些思想家习惯于用先验和神秘的措辞把真理封闭起来，既不关心也不知道如何把真理从这些措辞中剥离出来，从而掩盖了这些本可为人所理解的真理；我自信可以将真理与谬误区分开来，并用哲学中与我站在同一阵线的人能够理解而不反感的语言表达出来。

有了这种铺垫，因此也就不难相信，当我与一个具有最杰出才华的人进行密切的思想交流时，她的天才随着思想的成长和发展，不断提出比我先进得多的真理，但是不像我在其他人那里那样，我在她的天才中察觉不到混有任何谬误，那么我的思想的最大成长就在于吸收这些真理，而我的智识工作的最有价值的部分就是搭建桥梁，扫清道路，把这些真理与我总的思想体系连接起来。[1]

《论自由》比任何署了我的名字的出版物都更直接、更真实地是属于我们的共同作品，因为其中的每一句话都经过我们一起反复斟酌、反复推敲、仔细剔除我们发现的任何思想或表达上的瑕疵。正因为如此，虽然这本书没有经过她的最后修改，但作为一个地地道道的创作样本，它远远超过了我之前或之后的任何作品。至于文章的思想，很难说哪一个特定部分或哪一个元素比其他部分或元素更属于她。这本书所表达的整个思考方式显然都是她的。但我也完全浸淫在这种思考方式之下，所以我们俩自然而然地产生了相同的想法。

不过，我之所以能够在这个主题上如此透彻，在很大程度

【1】 在我的思想成长步骤中，我应该感谢她帮助的地方，远非一个完全不了解情况的人所能想象。举例来说，人们可能会认为，我对男女之间在法律、政治、社会，还有家庭关系中都应该完全平等的坚定信念，可能就是从她那里接受或学到的。但事实远非如此，这些信念是我将思想应用于政治主题的最早成果之一，而且我相信，我对这些信念的坚定不移才是她对我产生兴趣的最初原因。事实是，在我认识她之前，这种观点在我心中只是一个抽象的原则。在我看来，妇女和男人一样，都没有在法律上服从他人的理由。我确信，妇女的利益和男人的利益一样需要得到充分的保护，而且如果在制定约束她们的法律时，没有让她们有平等的发言权，她们也很难得到这种保护。但是，我在《妇女的屈从地位》一书中对妇女处于无力地位的巨大实际后果的认识，主要是通过她的教导而得来的。如果没有她对人性的罕见知识以及对道德和社会影响的理解，尽管我无疑会坚持我现在的观点，但对于妇女地位低下的后果，对于现存社会的所有弊病和人类进步的所有困难交织在一起的方式，我的认识就会是非常不足的。我甚至感到非常痛苦，一旦我意识到我未能在书中再现她在这个问题上的最佳思考，如果她把她对这个问题的全部思想写出来，或者像她肯定会做的那样，活着来修改和完善我对这个问题的不完善的陈述，那么，我的这篇小论文与她给世界带来的东西相比，是多么地微不足道。

上要归功于她。在我的精神成长过程中，曾有一段时间我很容易陷入过度治理的倾向，包括在社会和政治两方面都是；也曾有一段时间，由于相反的过度反应，我可能会成为一个激进派和民主派，尽管未必那么彻底。在这两点上，就像在许多其他方面一样，她都使我受益匪浅，既让我坚持站在正确的位置上，又引导我认识新的真理，使我摆脱错误。

我非常愿意并渴望向每个人学习，并在我的意见中为每一项新知留出余地，让新旧相互调整，如果不是她的稳健影响，我可能会被诱使过多地修改我早期的见解。她对我的精神发展最有价值的地方，莫过于对诸多不同考量因素之间相对重要性的公正权衡，这常常使我免于冒失，不至于让我新近才学会的真理在我的思想中占据超过它们应有的更重要的位置。

《论自由》可能会比我写过的任何其他作品（或许要除了《逻辑体系》）传世更久，因为她的思想与我的思想的完美结合，使它成为一本阐明一条独一无二的真理的哲学教科书，而现代社会逐渐发生的变化往往会使这一真理更加凸显：性格类型的多样化，以及给予人性充分的自由，使其向无数相互冲突的方向发展，对人和社会都具有重要意义。在一个肤浅的观察看来似乎并不太需要这样一课的时代，对这一真理的阐述无疑会给人们留下深刻的印象，没有什么比这种触动更能说明这一真理的基础是多么深厚了。

我们所表达的担心，即社会平等和舆论一律的必然发展，会给人类的意见和实践强加一个统一的压迫性枷锁，对于那些更多关注当前事实而非未来趋势的人来说，这种担心很容易被当成是无稽之谈；因为到目前为止，社会和制度中正在发生的渐进式革命明显有利于新见解的发展，并让它们获得了比以前更多不带偏见的倾听。但这是过渡时期的特点，因为在这个时期，旧的观念和情感已经动摇，而新的成说还没有赢得上风。在这种时候，思想活跃的人已经放弃了他们旧信仰中的很多东西，但还不十分确定他们仍然保留的那些东西是否能够屹立而不被修改，因而会热切地倾听新的意见。

但是，这种状态必然是暂时的：某个特定的学说经过一段时间团结起了大多数，建立起与其相一致的社会制度和行为模式，教育会把这个新的信条灌输给新的一代人，免去他们经历产生这种信条的精神过程，渐渐地，这种信条就获得了一种压迫性力量，一如它所取代的信条所长期发挥的。这种有害的权力是否能够施行，取决于人类届时是否已经意识到，要想让这种权力失灵，只有人的本性不被扼杀和压制才行。到那时，《论自由》的教诲才会具有最大的价值。令人忧心的是，它将长期保持这种价值。

至于原创性，它当然不外乎如是——每个有思想的头脑都会用自己的方式来构思和表达真理，而真理属于人类的共同财产。本书的主要思想，虽然在许多时代只限于孤立的思想家所持有，但自文明开始以还，人类可能从来没有缺乏过这种思想。仅就最近几代人而言，它明显地包含在欧洲思想界有关教育和文化的重要思想脉络中，这一思想脉络的传开得益于裴斯泰洛齐的天才和努力。书中提到了威廉·冯·洪堡对这一思想的无条件支持，但他在自己的国家绝非孤军奋战。

在本世纪初[*]，关于个性权利的学说，关于道德本性以自己的方式发展的主张，被整个德国作家流派推崇到了夸张的地步，最著名的德国作家歌德，虽然不属于这个流派（也不属于任何其他流派），但他的著作中处处渗透着道德和生活行为的观点，在我看来，这些观点常常是站不住脚的，但它们不断地在自我发展的权利和义务的理论中，寻找它们所能找到的任何辩护。

在我们自己的国家，在《论自由》一书写成之前，威廉·麦克考尔（William Maccall）先生就在一系列著作中热情洋溢地宣扬了"个人主义"学说，他铿锵有力的风格有时让人想起费希特，其中最出彩的一篇题为《个人主义的要素》（Elements of Individualism）。

还有一位杰出的美国人，沃伦（Warren）先生，他以"个人主权"为基础构建了一套社会制度，获得了许多追随者，而且实际上已经开始组建一个乡村社区（它现在是否还在我不知道），尽管它与社会主义者的某些计划表面上很相似，但在原则上与它们截然相反，因为它不承认社会对个人有任何权威，除了强制所有个性都有平等的发展自由。

【*】 译者按：指作者生活的十九世纪。

这本署上我名字的书，对里面所宣扬的任何教条都不主张原创权，也不打算书写它们的历史，在我之前主张这些信条的著作家，唯一一位应该提出来说一下的是洪堡，这本书卷首的题词就出自洪堡；尽管我在一段话中借用了沃伦派的说法，即"个人主权"。

这里几乎没有必要指出，我所提到的任何一位前辈著作家对这一学说的构想，与本书所阐述的构想在细节上存在着巨大差异。

在我无可挽回地痛失她之后，我最关心的一件事就是印刷和公开这篇论文，这里面太多是她的心血，让我把它作为记念，献给她的在天之灵。我没有对这篇论文再做任何修改或增补，永远也不会。这本书尚缺她来过最后一遍手，但是我永远不会尝试用我自己之手来代替她。

附录2

哈丽特·穆勒墓碑碑文[*]

To the beloved memory

of

Harriet Mill

The dearly loved and deeply regretted

Wife of John Stuart Mill.

Her great and loving heart,

Her noble soul, her clear, powerful, original and

Comprehensive intellect,

Made her the guide and support,

The instructor in wisdom,

And the example in goodness

As she was the sole earthly delight

【*】 穆勒的妻子哈丽特1858年11月3日逝世于法国阿维尼翁，随后葬于该地
圣·维兰公墓；穆勒用产于意大利北部的卡拉拉大理石为哈丽特修了一座
墓碑，并亲自撰写了碑文。——译者注

Of those who had the happiness to belong to her.

As earnest for all public good

As she was generous and devoted

To all who surrounded her,

Her influence has been felt

In many of the greatest

Improvements of the age

And will be in those still to come.

Were there even a few hearts and intellects

Like hers,

The earth would already

Become the hoped for heaven.

She died,

To the irreparable loss of those who survive her,

At Avignon Nov. 3 1858.

深爱的记念

致

哈丽特·穆勒

最亲爱最深切痛惜的约翰·斯图亚特·穆勒的妻子。

她有一颗伟大而慈爱的心，她有高尚的灵魂，

她有清晰、有力、独到而又全面的才智，

她是有幸与她相伴的人在尘世间唯一的快乐，

她是向导和支柱，是智慧的导师，是善良的榜样。

她热心一切公益又慷慨大度，奉献给所有她身边的人。

她的恩泽成就当今时代和未来时代最伟大的进步。

她那样的心灵和才智，能多有哪怕几个，

地上也早变成希望的天堂。

她的逝去，留给生者无可挽回的遗憾。

阿维尼翁，1858年11月3日

附录3

约翰·斯图亚特·穆勒的生平和著作编年[*]

1806年5月20日——生于伦敦本顿维尔（Pentonville）

1809—20年——在父亲的指导下接受教育，学习政治经济学

1820—21年——跟随塞缪尔·边沁爵士（Sir Samuel Bentham）在法国游历

1822年——进入东印度公司做职员

1822年——组织"功利主义学社"

1826—27年——编辑整理杰里米·边沁（Jeremy Bentham）的《司法证据原理》

1826年——遭遇精神危机的幻灭期

1830年——结识哈丽特·哈代·泰勒夫人（Mrs. Harriet Hardy Taylor）

1831年——结交托马斯·卡莱尔（Thomas Carlyle）

---

[*] 本年谱由本书译者参考相关资料制作。——译者注

1835年——编辑《伦敦评论》；《读托克维尔〈论美国的民主〉第一卷》

1836—40年——编辑并买下《伦敦和威斯敏斯特评论》

1838年——《论边沁》

1840年——《论柯勒律治》；《读托克维尔〈论美国的民主〉第二卷》

1841年——开始与奥古斯特·孔德（Auguste Comte）通信

1843年——《逻辑体系：推理与归纳》出版

1848年——《政治经济学原理》出版

1851年——与哈丽特·泰勒夫人结婚

1853年——《论妇女的选举权》发表

1854—55年——游历意大利、西西里和希腊

1858年——东印度公司解散，从东印度公司退职

1858年——穆勒夫人（哈丽特·哈代·泰勒）去世

1859—75年——《论文和讨论》各卷出版

1859年——《论自由》出版

1861年——《关于代议制政府的思考》出版

1863年——《功利主义》出版

1865年——当选为威斯敏斯特议员；担任圣安德鲁斯大学校长

1865年——《威廉·汉密尔顿爵士哲学考论》；《奥古斯特·孔德与实证主义》出版

1868年——在选举中失败，从议会退休，移居法国阿维

尼翁

1869年——《论妇女的屈从地位》出版

1873年5月8日——在阿维尼翁去世

1873年——由继女海伦·泰勒编辑的《穆勒自传》出版

1874年——《宗教三论：自然·宗教的效用·有神论》发表

1879年——《社会主义残篇》发表

1963—91年——33卷精装本《穆勒著作集》由多伦多大学出版社出版

译名对照表

Akbar 阿克巴

Albigeois 阿尔比派

Alcibiades 亚西比德，又译阿尔西比亚德斯

Aristotle 亚里士多德

Arnold of Brescia 布雷西亚的阿诺德

Barnwell, George 乔治·巴恩韦尔

Bentham 边沁

Bodmin Assizes 博德明法院

Boswell, James 詹姆斯·博斯韦尔

Calvary 加尔瓦略

Calvin 加尔文

Carlyle, Thomas 托马斯·卡莱尔

Charlemagne 查理曼

Charles Ⅱ 查理二世

Cicero 西塞罗

Comte 孔德

Constantine 君士坦丁

Cornwall 康沃尔郡

Cromwell 克伦威尔

Demosthenes 德摩斯梯尼

Elizabeth, Queen 伊丽莎白女王

Fichte 费希特

Flanders 佛兰德斯

Dolcino, Fra 多尔奇诺修士

Gleichen, Baron de 格莱兴男爵

Goethe 歌德

Holyoake, George Jacob 乔治·雅各布·霍利约克

Hamilton, Charles 查尔斯·汉密尔顿

Hebrews 希伯来

Helot 希洛特

Humboldt, Wilhelm von 威廉·冯·洪堡

Hussites 胡斯派

Johnson, Samuel Dr. 约翰生博士

Kant 康德

Knox 诺克斯

索引

修订增补版译后记

　　《论自由》要出新版了，遵编辑嘱托，要对新版的发行说几句话。才发现不知不觉间，距离我当初踮脚企足翻译穆勒这部经典著作，已经过去十五年之久了；十五年间，世事跟时势都大为变迁，我也从青年时代的冒撞乐观步步后退，每下愈况，进入中年的迷惘彷徨，心境大不相同了；在一片蒿目忧心中，幸见这部译稿在发行了两版之后，经历读者的考验仍有发行新版的机会。借新版编发，重新检视了一遍旧稿，少不得勘误纠谬略加修订，感谢多年来热心读者的反馈，让我少犯了不少错误。关于翻译的缘起和过程，旧版已经有过详细的交代，这里就不打算重述了，在这个信息发达的时代，感兴趣的读者自有多种渠道可以查阅。

　　译作出版之后，读者赞赏的有之，批评的亦复不少。起初是有一部分读者不满译文中有些地方有文言色彩，这应该是译者在翻译过程中参考严复旧译而不知不觉受到影响的缘故，经过历次加印的修改，除了有意保留的一二处，我想已经基本上将行文中有文言嫌疑的地方都剔除了。不过，在此之外，近来批评者指摘最多的还是我的翻译"佶屈聱牙"、"晦涩不通"，因为促使我最初动手翻译的目的之一，本来就是要解决旧有译本生硬艰涩、窒碍难通而给读者带来理解上的困难这个问题，所以，不得不就译文的风格说几句自辩的话。

严复在《群己权界论》的"译凡例"中说：穆勒"原书文理颇深，意繁句重，若依文作译，必至难索解人。[……]海内读吾译者，往往以不可猝解，訾其艰深，不知原书之难，且实过之，理本奥衍，与不佞文字固无涉也。"任何读过穆勒原文的人，一定会同意严复所言不虚。该著本身就是说理文字，加上穆勒长句大套、层层递进、密不透风的论证风格，无论译成任何文字，理解起来都不会是轻松的，这应该是初读的读者（尤其是那些不熟悉乃至从未读过西人繁复论证文字的读者）在翻开本书之前应有的心理准备；论证上的繁冗乃至略嫌沉闷（尤其是第二章对思想和言论自由的论证），是本书自身的特点，并非译者故作啰唆语言不经济之故。

古人云"文章经国之大业，不朽之盛事"；又云"言之无文，行之不远"。我在翻译穆勒这部著作的时候，心中时时浮现的就是这两句话。穆勒在他的自传中说："我所有的著作没有哪一部像这本书一样经过如此仔细的组织和精心的修改"，"其中的每一句话都经过我们（指作者和妻子）一起反复斟酌、反复推敲、仔细剔除我们发现的任何思想或表达上的瑕疵"；"《论自由》可能会比我写过的任何其他作品传世更久"。为了不辜负著者的这番苦心孤诣，我的译作同样是在这种苦想冥思和不知疲倦的修改中完成的，书中每一句话也都经过我反复推敲、句斟字酌、仔细剔除任何表达上的瑕疵，力求完美传达原作的思想，并且在准确的基础上穷究修辞，让译文配得上这部著作的经典地位，使它能够传之久远。

细心的读者可能会发现我的行文中颇有些汉语成语（或所谓"四字格"的修辞），这些成语的使用有时颇贻"文绉"之讥；但是，只有在使用某个成语能够贴切对应原文并准确传达文意的时候，我才会把它留在笔端，任何偏离文意可能会让读者"出戏"的成语我都竭力避免使用，那些明显带有汉文化特定典故内涵的成语（即便有时某个成语恰巧能够对得上原文意思），更是一概弃而不用，这也是我在翻译工作中一直坚持的一个原则。但是，除了避免这种特定典故会破坏原著神韵的地方，我的译文可能确是受到了古典汉语的较多影响（这大概跟我最初的汉语言文学专业有关），我满怀希望的是，这些具有汉语特色的修辞风格，增加了读者朗读时的节奏感，并从这种精心的修辞风格中欣赏到文章的美感；如果我力有未逮，破坏了著作本身的力量，那么，我必须请求穆勒先生在天之灵以及广大读者的原谅。

由于有了这份忐忑，新版删去了卷首向严复致敬的题词；但这里绝对值得一说的是，严译《群己权界论》直到今天仍是一个极有参考价值甚至阅读价值的版本。又陵先生筚路蓝缕，以中国典雅文言而译西哲细密论证，其击穿文化藩篱实现中西沟通的独特尝试，所达到的高度绝非后世浅尝者的随意臧否所能否定，可以毫无愧色地说，严译名著不光是思想史也是文化史上的灿烂华章，值得后人时时反顾，从中吸取有益的营养。

当初在我重译这本经典之作的时候，我手边能够参考的旧译只有《群己权界论》和商务印书馆1959年程崇华（后改署许宝骙）先生的白话译本，而在我的译作出版前后，一时间出来差不多十来个汉语新译本，如今则是更多了，让读者有了更充裕的选择。对一部经典名作来说，有更多译本是一件好事，读者可以参照阅读，一时在某个译本中读得卡壳的一句或一段，对照另一个译本就豁然而通了，有时这并不证明前一个译本就差于后一个译本，而是原文复杂的论证语言，通过不同的翻译角度（也就是阅读角度）得到了理解上的疏通（如果只有一个译本，那么碰到这种情况只有反复阅读细细咀嚼才能弄通；这也是同一部书后译者毕竟比初译者更有优势的原因所在），这个想必是有过哲学译著阅读经验的读者都深有体会的。

穆勒先生的拥趸约翰·莫莱（John Morley）说过这样一句话："《论自由》属于那种不可多得的罕见之书，不管遭受多少敌意的批评，它仍能在不觉之中让你再增高一尺。"我希望我的译作在众多翻译版本中也能得到类似的评价，如果我的翻译能在帮助理解穆勒思想的同时，还让人觉得原来汉语可以是修辞与论理二者得兼的，它不光是文学的语言、诗意的语言，同时也能明白晓畅而又不失优美地表达复杂而深刻的思辨和推理，也就是说，原来汉语也是可以胜任逻辑胜任做哲学的，那么，无论受到了多少浅尝辄止者望文生义的批评，我都心满意足了。

另外，为了表达我对穆勒和他妻子的崇敬之情，也为了读者能够更好地了解《论自由》的创作过程，以及穆勒和哈丽特·泰勒之间互相成就、互相提高的感人至深的爱情典范，我从穆勒的自传中节选翻译了相关的段落，作为本版的附录。其余增加的篇幅有：穆勒的生平和著作年谱；根据多伦多版《穆勒著作集》的页码制作的单独索引。

2024年春于北京

图书在版编目（CIP）数据

论自由 / (英) 约翰·斯图亚特·穆勒著 ; 孟凡礼
译 . -- 太原 : 山西人民出版社, 2024. 6. -- ISBN 978-
7-203-13485-5

Ⅰ. D081

中国国家版本馆 CIP 数据核字第 2024CS1928 号

论自由

著　　者：(英) 约翰·斯图亚特·穆勒
译　　者：孟凡礼
责任编辑：李　鑫
复　　审：郭向南
终　　审：梁晋华
出 版 者：山西出版传媒集团·山西人民出版社
地　　址：太原市建设南路21号
邮　　编：030012
发行营销：0351-4922220　4955996　4956039　4922127（传真）
天猫官网：https://sxrmcbs.tmall.com　电话：0351-4922159
E－mail：sxskcb@163.com　发行部
　　　　　sxskcb@126.com　总编室
网　　址：www.sxskcb.com
经 销 者：山西出版传媒集团·山西人民出版社
承 印 厂：鸿博昊天科技有限公司
开　　本：880mm×1230mm　1/32
印　　张：7.75
字　　数：150千字
版　　次：2024年9月　第1版
印　　次：2024年9月　第1次印刷
书　　号：ISBN 978-7-203-13485-5
定　　价：48.00元